U0047593

時報出版

創造你的金流人生

REITs不動產投資信託的靈活賺錢術

謝宗翰 | 著

目錄

學會戰勝「情緒」，
善用「時間」爭取獲利

我是 Allen Hu（胡崇禮）我在 2008 那年透過朋友認識了
John，當時得知 John 本身一位醫生，也是一位很優秀的美股投資專
家，算算至今已經認識超過十多年了……。

John 從美國來到台灣，一手創立了美股投資與金流族培訓學院，
開始傳授小資族如何透過 REITs 建立自己的現金流系統。我也在台
灣建立並教導電子商務相關的被動收入現金流，並真正實踐透過現金
流過著自由財富生活，拿回人生主導權。

「十年磨一劍」這句話，確實在 John 的這本書裡講得非常到位，
許多人在投資領域裡往往因「情緒」影響判斷，以致不能持續用時間
來讓現金流複利這件事成真。孰不知在人生裡，任何事都是取決於你
是否使用了「失敗的方式」。如果不能在犯錯中學到功課，並將它轉
換成有價值的「經驗」，那這才是真正的失敗。相對而言，懂得從挫
折中看見自己的問題並且不斷調整與前進（我親身在同一行業經歷兩
度成功），那麼這些挫折終將成為你成功旅程中的養分，並建立更卓
越的自己。

失敗為成功之母，但我認為「檢討」更是成功之父，（失敗後
不檢討自己才是失敗）。有很多學員問過我：「為什麼我學了也照著

做，卻依舊不成功呢？」我總是回答他們：「那是因為你面對事情的慣性、態度出了問題，導致情緒影響態度，而讓態度決定了結果。」畢竟無論是投資證券，房地產，期貨，或電子商務系統等等，都需要透過時間茁壯。

我相信 John 和我這十多年來，我們最大的成功是──我們學會了戰勝情緒並且善用「時間獲利」這件事。

市面上有許多教你投資的書籍，媒體上也有很多所謂的投資達人在教授投資技巧，但是在我看完 John 的這本書後，我深深地被它感動與震撼，終於有人願意把自己多年的投資經歷和閱歷無私地分享出來，這本人生的投資書籍值得你我珍藏，祝福作者蒙恩蒙福。

最後，祝福讀者早日因著 John 的這本書，學會建立現金流被動收入的財富自由人生！

Allen Hu （胡崇禮）

美國美安執行資深副總裁

其實你需要的，
只是一個有「溫度」的理財方式

　　市面上的投資理財書越來越多，但真正懂得讓財富成為人生蛻變助力的，其實還是極少數。

　　當你拿起這本書時，也許你的第一個反應是，「天啊！這該不會又是一本教我們『你要開始記帳，你要減少支出，你要開始存股』，號稱現金流的書吧！」但我還真要告訴大家，事實絕非如此……

　　有不少人，從理財到創業，肯定是書也買來看了，各種投資課程也都去上了，但撐到最後還是淪為只能靠薪水過日子的上班族；為了生活，每天感到很累甚至很不快樂，到頭來一輩子跳不出低薪水平的小資族，一想起來就令人渾身發軟。

　　我們常常忽略一件事，這世界上什麼東西都有可能賺到，唯獨無價的「時間」除外。人生最大的錯誤，就是我們常常誤以為我們還有「時間」，但如果一天的「時間」有如一條金塊，我們卻每天拿著金塊去跟別人（老闆）換一碗少的可憐的粥。就這樣，幾十年幫別人創造財富，而忽略了「好好過自己要的人生」才是我們嚮往的成功。

　　一面要為今天奮鬥，一面還要為明天著想，確實很辛苦也不容易。大家都喜歡說「想法改變，你的行為才會改變，結果才會不同」，

但走在路上，滿街都可以找到一堆非常有想法，但沒行動的低收入族群。

這本書只想跟你分享一件事 ：投資理財有如談戀愛，不管對象是誰，一開始的 FEEL 將決定你後續的發展。

學習創造人生第一筆「現金流」，你需要的既非規劃，也不是評估，更不需要追求完美，而是如何運用大腦，透過最簡單的 REITs 房產收租現金流效應—

讓自己徹底執行，每三十天就有收租現金流的 FEEL，自然能啟發你持續學習「時間獲利」這件事。

最後，對於時報出版這次邀約我個人再次出書，除了深感榮幸與感謝以外，我同時也不斷在思考，處於一個資訊氾濫的時代，加上多年來已被喊到爛的「財富自由」口號，我該如何幫助大家釐清現況，真正找到「自由」？

但願這本講授「金流人生」的書，對你不只是又一本傳授投資理財的老調重彈，而是能與你產生共鳴並且產生有溫度的化學變化。

期許大家，都能透過閱讀本書，開啟穩定現金流的投資模式，並且迎接嶄新的豐盛人生。

謝宗翰

Part 1

認識你的大腦，你必須懂得問問題

談錢是俗事？不會吧……

畢竟有錢不一定什麼都行，但沒錢肯定諸事萬萬不行啊！

大家都說談到錢的事情就要把感性放一邊，理性擺中間，記得大腦要帶著，可別腦袋空空地……，然而孰不知金錢一點也不理性，它是有情緒與不理性的，甚至是你若不愛它，它肯定毫不留情的掉頭就走。

所以，如何駕馭這個比女朋友更難伺候，關係比婆媳更複雜的朋友？且看以下章節內容，自見分曉。

$ 金錢是一種「情緒」，不是數字

- 是人就會有人性，人性本來就不理性，對於金錢更是如此。
- 不要想打敗人性，而是要善用人性的特質來達成人生目標。
- 只有無後路可退，或無後顧之憂的人，才有機會成功。
- 感性的力量永遠大於理性，懂得善用情緒的人才是贏家。
- 清楚自己的優勢並強大它，而非長時間探索能力以外的事。

你一定聽過很多人說過類似的話：「早知道，我就不要這麼快認賠殺出，你看，現在都漲一倍了，都是○○報導寫的分析數字太嚇人！」

讓人認賠殺出、太早賣出……都是報導或消息造成的嗎？

真相是，現金流與財富從來都不是數字問題，而是一種情緒效應。

這是一種不用刻意學習、自然而然出現的情緒效應。例如很多人會說投資心法很重要，所以要打敗人性，才能達到賺到錢並穩定獲利。但是，這是一種很愚蠢的想法，因為我們是人，當然就會有人性，與其刻意克服，不如了解它並善用它。

透過「不理性」，釐清如何有效完成事情

不理性簡單來說，又可以稱為感性，往往指向各種情緒，如激情、憂慮、恐懼等。但要如何善用感性、或透過情緒來達到目標？這才是應該思考的好問題。

記得曾經看過一本書，書裡把「理性」形容是一個人，「感性」是頭大象。

當人（理性）開始騎上大象（感性）時，剛開始騎象的人還有一定的力量與方法控制大象，可是大象的力量無比強大，一旦時間久了，大象最終贏得主導權。這有如我們在日常生活，從減重到投資理財，剛開始試著用理性設定去完成目標，最後卻往往以情緒性的方式收場。

環境永遠大於個人，路徑比控制更重要

人（理性）想要戰勝大象（感性），最有效的方式，不是「控制」大象，而是透過為大象建造路徑，明白指示出方向，這樣大象就能順著路徑走，這樣大象就能更快速地走到目的地。有如減重，不要刻意挑戰「不吃零食」來達成減重目標，你只需要家裡完全不放零食即可（路徑）。

同樣的思維套用在理財投資上，選擇比努力更重要，直接選擇長期穩定配息與現金流的好標的（路徑），遠比投資高波動風險的標的、然後告訴自己要好好練習心法或控制情緒來的好。

所以大部分投資失敗的案例都很類似，而且這種失敗也不用教就會。市面上教人成功與投資致富的書籍從沒缺過，但你一定找不到一本教你如何學習「失敗」這種類似的書籍。

從資產與負債觀念，了解現金流的重要性

根據經典財商聖經《窮爸爸，富爸爸》的定義，任何能將錢放進你口袋的，我們都可以看稱它為「資產」；而讓你將錢掏出口袋的，稱之它為「負債」。

我們常常忘記，人生最重要的資產，不是房子、不是銀行存款，而是「自己」。過去的你成就了你的現在，而現在的你決定了你的未來。

　　想要改變自己目前的收入架構與現金流，最迅速與有效率的，就是強化自己在職場上的能力，同時不斷提升自己在 FIQ 財商的學習與邏輯思考。

　　想要提早在人生的時間表上達到自由，千萬別忽略提高「資產」（也就是自己）賺錢速度的重要性。

　　專注自己能力圈裡的事，將已經熟悉的領域與專業能力再提升，放大自己的優勢來增加工作上的收入。而非受到資訊媒體上或其他人影響，花大量時間在自己能力圈以外的事，又因為不熟、不懂、不解而遇到許多的虧損（包括情緒）。

　　擴大自己的能力圈，自然能讓你做更多的事。能力圈包括了人脈、情緒管理、時間管理、銷售技巧等等，在自己的能力圈裡做事，基本上成功機率都會很高，這些我都會在這本書中逐一告訴你方法。

$ 自製「大腦說明書」，對大腦正確下指令

- 花錢就會舒服這種觀念是不對的。
- 大腦下錯指令，人生只能黯淡度過。
- 不對大腦下指令，就等著別人幫你下指令！
- 能成功的人只有兩種：無後路可退和無後顧之憂。
- 瞭解所謂的「情感控制」，將是採取行動的必要條件。

「投資真的太重要了，我想要四十歲財務自由，現在，就從每天閱讀投資書一小時開始。」

「○○投資工具太棒，我聽完課回家後就要立刻研究，下單！」

現在，手上正在看著這本書的你，是否也曾經買過其他的投資書，聽過非常多的演講與課程？

但，為什麼在努力閱讀、用心參與和學習之後卻經常出現斷層、沒有真正「行動」？

最大的關鍵，就在於「情感」。

在日常生活中，很多的反應都跟情感有關。例如我們常喊著要改變，喊到像個放羊的孩子，但是真正會令我們付出行動「改變」的，通常都是因為受到某種情感的影響，而加速行動並完成它。

為什麼人類會有如此的反應？大腦到底在想什麼？

你的「大腦指令使用手冊」，你讀過了嗎？

我們要如何能控制情緒，或者開發大腦？在購買任何 3C 產品，廠商都會附上產品使用手冊，來幫助我們迅速了解產品功能與使用方式。而你知道我們的大腦也有所謂的「大腦指令使用手冊」嗎？

最棒的是，只要了解如何透過「問句」的方式與大腦溝通並下「指令」，你將可期待自己的未來與財富更能達到心想事成的境界。

大腦是個神奇的東西，從我們出生到現在，大腦有如一台智慧型電腦，每天無時無刻都在收集資訊，在剛出生到五歲前的幼兒時，大腦甚至無法判別什麼是好或不好的資訊，只是不斷續地吸收並存檔。

接著，從父母的管教方式與人事物價值觀，經過時間的發酵，慢慢形成每個人的一種「潛意識慣性」（又叫做 Paradigm），以及你對於金錢、婚姻，對於工作及跟人互動的一種「態度習慣」。

一個人的成功原因很多，但是成功的人與失敗的人，都有不一樣的 Paradigm。

簡單來說，Paradigm 就如我們對於人生態度的「濾鏡」。從小爸媽告訴我們「錢不好賺」或「你要辛苦努力才賺的到錢」，長大面對金錢或理財時，大腦就會自動將「辛苦、努力、不好賺」做強烈連結，默默去接受這些賺錢的形容詞，並專注在這些連結上，而完全隔絕並停止尋找更好與有效率賺錢跟理財的方式。

大能量影響小能量，刺激你向上

常常聽到做事要有熱情才能繼續維持。

一次演講後，有位西裝畢挺的男性跑來問我：「謝醫師，年輕的時候，我對賺錢非常有動力，把賺到第一桶金設為目標，也記得賺到第一桶金時興奮的跳起來的模樣，如今，雖然存款變多，卻愈來愈沒感覺，為什麼呢？」

「因為，你把激情當成熱情了！」我回答。

當我們設定目標，並且努力認真，孜孜不倦，就為了完成目標時，請了解，這與熱情並沒有太大的關係，但很多人卻誤把激情當熱情，所以在賺到人生第一桶金的過程，總是十分興奮，但隨著賺進第一桶金後，接下來得到第二桶金、第三桶金……慢慢地這股「興奮感」卻沒有因為桶金數量翻倍而跟著一起翻倍。

為什麼不再興奮了呢？

這是因為大多數的興奮感與快樂來自於「成長」，有如一個人能買再多輛的車，每次也只能開一台，買再多的房產，每晚也只能住一棟樓一樣。但是，從原本破舊的二手車換成高級休旅車，原本住很郊外蛋白區域的老公寓，到搬入靠近工作的城市蛋黃區域，這都只代表一件事，就是自己在成就上「成長」了！

所以，我們可以透過設立人生目標，來量化自己過去與現在的成長。

更重要的是，我們還要知道如何加速完成人生與財富目標。

而這當中最關鍵的，還是每天練習並保持「高能量」的與人交流並維持行動力。

我常跟自己的學員夥伴說，月入 3 萬與月入 30 萬的人其實講話的「能量」是不一樣的。而你仔細觀察，是否自己的平均收入，跟身邊多數的朋友相差不大？

曾經有一位安東尼羅賓（激勵成功學大師）的學員問他，為什麼上了他多年的成功學培訓，自己的年收入依然維持在百萬美元、一直無法突破到千萬？

安東尼羅賓笑了笑，只問了他一個問題：「你平常都花時間跟誰在一起呢？」這學員想都不想的回答：「當然是跟我一樣成功年收入破百萬美元的朋友們！」安東尼羅賓聽完馬上說：「那我知道你的問題在哪了，你想要年收入突破到千萬美元，你只需要換一批年收入千萬的朋友並每天花時間在一起就可以了。」

這便是大能量影響小能量的故事。

當你能量小，遇到能量更弱的朋友，就無法激起你改變更好的想法；但是如果遇到的是能量大的朋友，他們的言語、行為將會帶動你，往高能量方向前進。

要家庭也要事業！夢想的終點線要畫近一點

你一定聽過某些人說過類似「金錢不重要，健康最重要！」或「錢生不帶來死不帶去，選擇活的開心才是重點！」之類的話。

我常開玩笑說，只要聽到任何人說「金錢不重要」，那你要轉身拔腿就跑！因為富有的人是不會去講這種話的。

或許你目前對於夢想這種事，沒什麼特別想法，也覺得現在安逸的生活就很好，一切平安、健康快樂最重要；又或者在人生的路上，事業和家庭抉擇時，常不經意的告訴大腦自己只能二選一才會快樂。

這沒有什麼不對，只不過這是窮人的想法。

當你活得越豐盛，生活、收入也會跟著越豐盛，這應該是一起成長的，而非只能選擇其中的一個。習慣讓大腦二選一，例如健康還是金錢時，大腦有如忠誠的神燈精靈，並 100% 根據你給的指令，慢慢指引你從中得一而已。

但如果你能改變你的問句方式，如「金錢與健康同等重要，我如何能賺取更多的金錢下，讓自己更健康？」那麼，一切將會不一樣。

會問問句非常重要，大腦有如忠誠的神燈精靈，並 100% 根據你給的指令或問句去找答案並盡力完成它。因此，千萬不要說金錢不重要，因為我們人生有超過 80% 的問題與鳥事，都是跟金錢有關。

金錢雖然不是萬能，但無可否認的是，金錢能解決或至少讓我們有更多的時間與空間去思考與解決問題，不是嗎？

「但是，財富自由好遠，好難達成，終點線遠在看不到的地方……」

如果是這樣的話，為什麼你不把終點線畫近一點呢？

很多人賺錢的目的，是為了花更多的錢，而非為了財富自由。錢賺的越

多，需求也越多，負現金流也會越高！一個月收入 10 萬元，但每個月支出的費用卻遠遠超過 10 萬元，當你建立了這種「高消費」的生活模式跟習慣，財富自由這四個字對你的人生也只是種假議題。

千萬別再陷入「我賺越多，越能提早退休」的迷思，只要你懂得有效降低支出（不是不花錢，而是思考後再判斷花什麼錢，以及怎麼樣花才能達到最大效應），把財富自由的終點線畫近一點，不用極高收入，也有機會能提早跳脫賣時間換金錢的自由。

你不自己下指令，就等別人幫你下指令

有次在餐廳與人併桌時，聽到身旁兩位女士的談話。

「我跟我先生加起來月入 12 萬，可是還是月光族！」甲說。

「你們不是沒有房貸嗎？怎麼會花掉這麼多錢？」乙問。

「他的工作太燒腦，我的工作隨時要上緊發條，又沒時間煮飯，每次都想吃高檔料理，出去玩也住五星期飯店，我又買東買西，想說慰勞自己嘛，花多一點兒錢，讓自己舒服一點，所以沒存到什麼錢！可是又覺得不能這樣，怎麼辦？」

NO！NO！NO！

這位女士，妳與先生最大的問題就出在「花錢就會舒服」這個想法。

前文中提到，大腦在 24 小時裡都是吸收資訊、接受指令，就算是睡著時的潛意識也一樣。當我們對大腦下了一個「花錢就會舒服」的錯誤指令，

月光族的日子，將讓你的人生只能黯淡度過。

而這個錯誤的「指令」除了自己給自己，也可能是別人給我們的。

如果你是一個每天習慣花大量時間看新聞、或掛在網路上看某些論壇的人，千萬要戒掉這個壞習慣！現在的新聞播放模式，整天無限播放，又為了收視率常下許多聳動的標題，網路上的言論多數都是以批評角度發表。

當大腦持續性的被餵食這些資訊（有如指令），久了這些資訊就會慢慢地成為你的價值觀（看事情的濾鏡），進而影響對於事情的判斷與下決定。

大腦潛意識（又叫做情感）有一個非常特別的特質，那就是它其實無法判斷過去、現在或未來。我常說，當你講話像月入 30 萬，每天的思考行為像月入 30 萬，大腦會錯亂以為你現在「已經」月入 30 萬，並將身邊所有的資源全力導入你的每一天並全力維持。

看新聞、掛網路就是別人在幫你下人生的指令；自己努力往月入 30 萬的生活前進，這便是自己下指令的成果。

$ 製造「連結」給大腦，讓自己有感去做

- 讓自己不斷地透過「情感」激勵自己。
- 你的未來只是一連串的「感覺」（HOW YOU FEEL）催化出來的。
- 人生所有的事都是「做了才有感覺」，包括學習創造現金流與個人財富。
- 改變自己潛意識慣性＋不斷地提升激勵（感覺），就能創造大量的行動力。

你知道嗎？當我們希望改變時，「感覺」比「想法」更重要！

「咦？不是要改變想法，人生才會改變嗎？」

這樣的講法其實不夠正確。

因為要先改變「感覺」，想法才會改變，進而影響行為，人生才會改變。舉例來說，大家都知道抽菸對健康不好，但多數抽菸的人，很少因為知道抽菸對身體不好而戒菸，往往都是醫生告知癌症末期或其他壞消息，原本幾十年戒不掉的煙，因為真的感受到死亡的恐懼害怕，而直接改變。

邁開第一步是重要的，做了才有感覺

當然也有些爸爸是在某一次抽菸時，看到自己的小孩猛咳嗽，或告訴他：「爸爸你好臭」，才「驚覺」（感受）自己抽菸已經危害到自己心愛的人，而決定戒菸（想法＋行動）。

新聞也曾經報導過，某個過度肥胖男子，因為被心愛女孩取笑（感覺受刺激），進而下定減重目標，希望變成型男讓她後悔（想法＋行動），甚至我們幫路邊賣花的老太太買了束花（透過給予感覺豐盛），都告訴我們，先改變「感覺」才能延續到想法與行動改變。

為什麼許多小資男女買了一堆投資理財書，最後也只是拿來養灰塵或拿來墊碗？那是因為再多的理論跟知識，只要沒有開始第一步來創造「感覺」，自然而然不會有任何的想法與行動力產生。

最關鍵是，人生所有的事都是「做了才有感覺」，這包括學習創造現金流與個人財富。

這「第一步」不用高難度，甚至不用完美，透過第一步能清楚讓自己感受到做了（DO），進而進入我能做（I CAN DO），最後持續透過我要做（I WANT TO DO）的創造永續性行動，進而改變未來的結果。

其實只要改變對大腦下指令的方式與「感覺」運用，自然而然就會改變原有的習慣，不改變都不行。

製造投資理財與大腦連結，讓自己真正有感

由上面幾個例子我們可以得知，透過「感覺」跟大腦有所連結真的很重要，但是，如何「製造」一個連結，我們才能真正有感、用心去做呢？

以我為例。對於理財，小細節我不大操心，但是會有一個大方向，例如永遠都會把收入的 50％，一直丟入能創造現金流的資產，像是 REITs（不動產投資信託）等等，每個月只要一收到薪水，就會把 50％的收入當作「資產稅」繳掉。

當我對大腦下了這個指令之後，自己就接受並很清楚地去執行這件事。

「50％？我薪水扣掉 30% 都沒辦法活了啊！」或許你有這個困惑。

這時該怎麼辦？如果每個月的 30％收入變成投資的動作，就會讓生活產生困頓，當你把這個煩惱與「問題」丟給大腦，它就會整合「資源」並想盡辦法擴張使用金錢的效能，從開始到處收集資料如何花 700 元但創造出 1,000 元的效應（這部分在本書的後半部也有教學），並開始打開雷達，對於「如何賺更多的錢」有更大的感覺跟興趣，讓自己可以活下去。

如果十年前你就有這樣的思考與行為，每個月 30％的薪水，就算只是存進銀行不去動它，十年後的今天也成了一大筆錢，而且也因為這件事已經做習慣了，便會一直做一直做，不會感到壓力。

一連結，燈就亮！睡夢中也能創造現金流

時間是資產，多數人拿人生的幾十年的時間資產，換取有限的金錢。但反過來說，如你能找到連你睡覺的時間都能創造現金流的方法，這同等於一天二十四小時的時間資產，都能慢慢地來取代自己用時間換取有限工資，並且找回人生自由。

舉例近年來很夯的 YouTuber 網紅（如理科太太、蔡阿嘎到國外美食網紅 Mark Wiens），透過時間可能累積了上百部影片在網路頻道上，當他們在睡覺或任何時候、只要有人點閱了影片，就會為創造了現金流。

不過，一個稱職的 YouTuber 網紅不是哪天睡起來想當就可以當，任何賺錢的事，都必須先投入時間與學習成本，從研究哪個 YouTuber 網紅的拍

攝與主題最能創造出「讚」聲外，到什麼樣的主題跟展現方式最能得到觀眾追蹤，更要透過不斷的練習，來讓自己的影片跟網路觀眾產生共鳴。

如果能把 YouTuber 所創造的現金流，再投入到其他能創造現金流的資產（例如 REITs），就能加快金流量的速度。

而所謂的金流，我們稱呼它為連續性的被動收入，不能有時有、有時無。

REITs 就是時間獲利見長，每三十日就會有的租金收入，時間一到便會把金流往你這邊導向。

什麼事情都不用做，只要每三十日就會有人幫你創造現金流，這便是所謂的「時間獲利」，這也是為什麼我想把 REITs 介紹給你的原因。

$ 人生要過得好，你必須懂得問問題

- 知道如何對大腦下指令，原本的阻力就會變成助力。
- 問錯問題、再怎麼努力，都得不到真正想要的結果。
- 正面積極的面對問題，大腦就會專注在這個問題上。
- 不滿意答案的時候，就要改變問句，直到滿意為止。
- 能力圈的外面叫做伸展圈，千萬不要讓它變成恐怖圈。

如果不是萊特兄弟有疑問：「人如何能跟鳥一樣飛翔？」，或牛頓不解：「蘋果為什麼會從樹上掉下來？」，我們可能就沒有現在的飛航科學與地吸引力定律。

大部分的人因為不知道大腦如何運作，所以造就成現在的自己。若是知道如何對大腦下正確的指令的話，原本的阻力就會變成助力！你也才會發現：原來更卓越的自己，從來沒出現過！

這些年在各種的財商與投資培訓課程中，雖然大家都清楚要開始付出行動，未來才會有不同的結果，除了前面講的透過「感覺」做為行動力的催化劑外，問對關鍵句，更是行動驅使的所在。

你只是問錯問題，轉個彎就能讓自己信服

台灣一年咖啡商機高達 700 億，平均每人一年喝掉一百三十杯咖啡並每年持續在成長中。為什麼大家這麼喜歡喝咖啡？把這個問題拿去問上班族、

小資女，得到的答案幾乎都是：「工作這麼辛苦，來杯拿鐵當作自己一天的小確幸，不然上班的力量就全都消失了……」。

這在心理學上叫做「心錨效應」。

難道人生每一天最大的亮點，就是那一杯咖啡？我甚至覺得氾濫的「小確幸」名詞，讓能創造「大確幸」的你，直接停留在原地。我瞭解很多人都有這種想法，也知道大家都如此「催眠」自己：我就是這樣子而已，也沒辦法更好……

其實你只是問錯了問題，下錯心錨，造成自己的解答如此。

我個人熱愛星巴克 Starbucks，對於它其實我有很深的革命情感。這是因為過去在醫學院的那幾年，除了在解剖室外，其他時間就是泡在星巴克（雖然咖啡是真的不怎麼樣）。

其實星巴克咖啡不是不能買，如果去星巴克喝咖啡，一定是去那裡做事，邊喝咖啡邊工作，坐上個兩三小時，讓這杯咖啡的錢產生價值，當作工作成本。或者選擇買一送一的時候去買咖啡，我也覺得 OK。

問對問題，情緒重要情境也很重要

心理學家有個小技巧，可以讓人在無形之中改變原有的答案。

例如：試想今天是你人生當中最悲哀、最悲慘的一天，在這種狀態下，寫出你的人生目標。

相信大家都會寫出一個沒那麼勵志跟明亮的人生目標。

相反，如果轉換成另一個情境：你正面對著藍天大海，臉上吹著微風，一邊回想過去人生最顛峰的時刻，帶著這種感覺請寫出你的人生目標。

一樣的你，卻因為在不同的情境跟狀態下設立的目標，我相信這是大大不同的。

就像是有些人習慣因為遇到問題就問自己（大腦）：「我怎麼這麼歹命！」

大腦便會非常忠心的、想盡辦法去為你找出一百個你歹命的理由。

我不是要叫你樂觀面對所有事情就好，而是改變問問題的方式，從「我怎麼這麼歹命！」這樣的一個問句，改變成「我相信上天不會給我超出我能承受的考驗！」、「這次的挑戰，我可以學到什麼？」這時候，大腦不會找出一百個歹命的理由給你，而是為你找出一百個你可以學習到的答案。

改變和調整你的問句，直到滿意為止

所以，當你不滿意你的答案的時候，就要改變你的問句，直到滿意這個答案。

例如前面章節所提的一個問題，很多人會問自己：事業、家庭二選一？

感覺好像事業好，家庭就會照顧不到；要照顧好家庭，事業就不能兼顧。

但是如果改變問句：我該如何讓事業好同時讓家庭更美滿？

當你問了這個問句，大腦就會去找答案。

以前我常喜歡問自己：我如何花掉 10 萬，但 10 萬還在？如何零成本的去花費任何東西？

在當下，其實我有一段很長的時間，對於這個問句沒有答案，但是因為我對大腦下了這個指令，大腦便不斷的為我收集資料找答案。

幸運的是，有天我找到了我要的答案。我只要長時間將每次 10 萬收入的進帳，把 50% 自動用於買創造現金流的資產，透過時間與複利效應，這 5 萬慢慢會滾成 10 萬。這有如我先把 5 萬元花掉了，但是其實我的 10 萬元在未來還是回到我身邊，這就是現金流，也叫做時間獲利。

而信用卡這類的金融商品卻是相反，一樣讓你先花掉未來的 5 萬，但卻讓你完全陷入「只繳利息」的循環。未來，你原本手上的 5 萬除必須拿去還款以外，更需要創造出無數個 5 萬持續地繳下去，這也是信用卡設計最恐怖的地方，透過卡債，讓刷卡族成為銀行永續的「資產」並一輩子繳卡費並為它們創造現金流。

學會正確問句，人生才會有你想要的答案

我們從小到大學習的方式，其實是透過問句。

想想小時候我們最喜歡問問題了：

「這是什麼？」、「可以吃嗎？」，「為什麼會這樣？」

你總是對這個花花世界感到興趣，總是喜歡提出問題、尋找答案。

但是如果小時候這麼的好奇多問，父母或老師就會經常生氣地回應：

「你幹嘛問這麼多？」、「你長大就會知道！」。

這時你的大腦就會開始覺得，問問句是很負面的，於是便開始藏在內心、不再詢問，越長大也越覺得提出問題是不禮貌的行為，最後就不再提問了。

於是大腦的某部分就休眠了。

所以，現在快點利用問句的方式，把大腦激活吧！問了問句雖然不一定有答案，但是當你問了問句，大腦就會去尋找答案。

改變你的問句，就會改變立場和角度

有人喜歡網購，你問他為什麼？當然除了喜歡買的商品以外，另一個常聽到的理由就是為了抒壓。現在大家也都愛在臉書或 IG 上打卡，今晚跟心愛的人到哪間美食餐廳吃了什麼，手機總是要先「餵飽」（拍照）人才能開始吃，透過這些社群 APP 分享外，更也希望別人知道自己過著美好生活。

當你一直購物血拼的時候，就是一種負現金流的行為。要解決這個問題，就必須知道「為什麼」，為一樣款式但不同顏色的名牌包需要都買起來放？是情緒上的問題？還是血拼會帶來安全感？

人其實很喜歡透過花錢來感受自己是值得疼愛並有價值的，但是如果這就是你的「為什麼」，我們可以透過問句改變自己的立場和角度。

例如「我如何透過非花錢的方式，讓自己感受到疼愛與有價值？」。大腦也許讓你開始上網找了 SPA 體驗券或餐廳好友同行優惠，用更少的花費金額來創造出更多的體驗。

如果你真的就是一個享受購物快感的人，你的問句可以改為「如何能爽爽的上網刷卡買東西還賺錢？」的問句，大腦也會開始引導你開始 GOOGLE 關於如何成為「代購達人」，同時享受 SHOPPING 快感並賺錢！

想要習慣改變，最簡單的方式就是建立一個新的習慣「取代」即可。就像是一個月要拿出 30％的收入去做投資，一開始很困難，但若是想成這是房租或固定支出繳出去了，也就只好乖乖認命，因為總不能跟房東說：「我的錢不夠用，把我的房租退還給我！」。

把固定的投資金額「繳」掉後，再把剩下的收入安排如何運用，當不夠用時，便會開始想盡辦法例如兼差或改變消費等，來維持開支平衡。不過，大部分的人都顛倒思考，先把錢花光，再來想該如何活到月底。

面對任何事情，建議都用問句來解決

當你很直覺的做了某件事情，其實可以反問自己，看看答案是什麼。這樣的方式有個專有名詞──QBQ，question behind question，也就是問題背後的問題。

為什麼會有「直覺」？因為大腦有一種慣性和大數法則，過去曾看過、聽過的東西或事情，當之後遇到類似的情節，就會有相同的想法，這就會變成你的直覺。

但是這種直覺是可以刻意修改的，不管是針對投資、創業、經驗值。至於所謂「經驗」值，正確來說，指的是討論過的行為才能叫做「經驗」。

例如投資失敗，我最常聽到的就是「虧損就當作在投資市場繳學費買經

驗吧！」，問題是，沒有檢討過並學習的事，如何稱它為繳學費買經驗呢？你最多只能稱它為「經歷」而非「經驗」，許多人甚至賠上巨大的虧損，留下的只有恐懼，而非任何稱的上經驗值。

在遇到問題（question）後，透過問句去思考後面的問題（question behind question） 自然能創造出好的經驗值。

又例如小孩數學考試考了 60 分，通常我們都會指責小孩：

「為什麼你這次考的這麼爛？ 只考了 60 分！」

但如果這時改變問句跟小孩說：「你數學這次怎麼只學會了 60％？我們來想想該怎麼讓你另外的 40％也學會，變成 100％的學習！」這就會變成雙方的經驗。

而這些自我反省或與他人討論過的行為過程，才能稱為經驗值。

QBQ 也能套在學習創造現金流與投資理財上。請記得，如果還是不滿意你的答案，就請改變問問句的方式。

Part 2

投資理財的修練與迷思

其實，我們每個人至少都擁有一項資產，那就是自己。有人月薪3萬、有人5萬，這是因為每樣資產（自己）的「價值」不一樣。至於如何提高「價值」？還是老話一句：學習。

學習的投報率最高、風險最低，你花的只是時間成本和研究學習，例如只是一本書或與朋友交談。試想：若原本的3萬元月薪，因為提高了「值」而加薪了，這時你只要維持原本薪水3萬元的生活方式，把多出來的薪水拿去投資，每年的複利效應就出來了……

正所謂學習創造資產，再將它滾入買進資產的投資模式中，兩者環環相扣，自然能夠創造出最大的現金流效應。

$ 生活和理財的認知失調問題

- 如何改善認知失調問題？認知與行為同行就能解決。
- 有時候放棄自認為美好的事，其實是為了成就更美好的事。
- 付出沈默成本，人就容易持續陷入虧損狀態，並且形成心理帳戶。
- 理性知道自己該如何去做，但心裡卻背道而馳，全因認知失調造成。
- 認知失調三種自我行為調整：改變認知、增加新認知以及改變行為。

「聽說○○書很棒，你買了嗎？」

「買了，但是，看不下去！」

上述的對話，你是否覺得熟悉呢？

為什麼很多人買了理財書，總常常停留在封面或封底？

主要是因為自己無法與書的內容產生共鳴，一不小心就陷入有看沒有懂的情況。

又稱做認知失調。

所謂的認知失調（現況偏離），是指當思想和行為不一致時，就會陷入「失調」。大多數人對於這種矛盾感都會覺得不舒服，但因為改變行為相對

比改變思想困難，所以多數人總是選擇改變自己的想法來減輕內心的矛盾與焦慮感。

透過「合理化」的行為，甚至藉由他人贊同自己

在股票市場，最經典的還是買進股票的人，明明清楚當股價走弱跌破日線均線應該出場，但因為抗拒面對虧損，所以跌破日線後，告訴自己下面還有週線支撐等著。

過段時間週線也跌破，持續告訴自己接下來還有季或年線支撐守著，最後股價已經距離自己的成本價位已遠，這時就轉為告訴自己「只要不賣就不算虧損，就當作是價值投資放著吧！

簡單來說，透過「合理化」自己的行為，甚至想藉由他人的口來贊同自己（到處找投顧老師認同），這就是認知失調。

我們對於自己現況和擁有的東西，通常都會高估，並與現實不符。例如股票在購買時是 100 元，當然就認為理所當然高於 100 元才會考慮賣出，怎麼可能在跌到 50 元的時候賣呢？就算股價反彈到 75 元也不賣。

可是從小到大，大家的數學又特別好，知道所謂的「平均值」，所以在股票被套牢後，又會想透過「加碼方式」讓自己手上持有的成本降低以求「平均」，原本 100 元成本價的股票來到 75 元不賣，但在透過加碼降低成本價到 75 元後，就願意「打平」賣出平倉。

所以套牢這種行為都不用人家教，而且自己就會，因為這是人性。

握在手裡的總是比較高貴，是這樣嗎？

為什麼大部分投資股票者虧損居多？

當人們要放棄一樣東西時，常常會要求遠高於取得此物所願意支付的價格。今天你去買了一張樂透彩券，別人看到了，想用同樣的價格跟你買這張彩券，相信你是不會賣的，因為你覺得這張彩券很可能會中獎。

除了剛討論的「成本」價格外，同樣一個例子，多數套牢的人不願意賣掉套牢的股票，是因為覺得自己都等待三年了，如果現在賣掉的話，豈不是浪費了三年的時間？如同一些戀情關係，明明對方已經不適合你了，但是現在若斬斷這段情，就代表我浪費了過去交往的那些歲月。

不過，你忘記了一件事，如果現在不解決這段感情，那麼未來可能就會花費人生三、四十年在糾結。

因為付出了沈默成本，人就容易持續陷入虧損的狀態，並且形成所謂的心理帳戶，眼裡心裡只看到這個，無法意識到整體狀況，忘記有時候放棄自認為美好的事，其實是為了成就更美好的事。

然而什麼叫做「心理帳戶」？

就像是在出國旅遊的時候，錢比較不是錢，你會想：反正都出來玩了，喜歡就買吧，但是在日常生活中，你反而對於花錢會斤斤計較，這就是心理帳戶效應。

心理帳戶也會造成投資虧損最常見的原因之一。

例如擁有三檔股票，兩個賺錢一個賠錢，這時如果一起平倉出場是賺錢的，但是很多人不太會看整體，常常只會賣掉手上賺錢的股票，但卻一直握著賠錢的股票，甚至拿賺錢股票的資金，再加碼投入賠錢的股票，期待有天能至少「打平」出場，避開所謂的「虧損」，結果就造成前面所提的損失趨避的後果。

這也就是為什麼大部分的投資者，在閱讀了這麼多投資相關的書籍之後，雖然理性知道自己應該如何去做，但是心裡卻總背道而馳。

認知失調的三種自我行為調整，你選哪一種？

多數人從原生家庭的價值觀、成長過程，以及接觸的人事物環境，都會累積一些先入為主的「觀念」。而這些觀念甚至有時會變成「深信不移」甚至轉成「信念」（可以是正信念或負信念）。

當我們在生活上，遇到兩件互相矛盾的想法事情發生時，大腦就會產生焦慮感，簡單來說，就是認知與行為無法達成一致！

因為兩種完全衝突或矛盾的想法，會影響大腦對於事情的判斷，所以大腦通常會透過所謂的「認知與行為調整」來消除這種「焦慮感」：

改變對事物的認知、改變自己對於結果的認知，以及改變行為。

而認知失調最經典的案例就是抽菸。

很多抽菸者，明知道抽菸有害健康卻繼續抽菸，他們的認知和行為是明顯相互衝突，因此產生認知失調。當出現這種認知失調的不舒服感時，抽菸

的人可能會這樣告訴自己：

——「每天只是抽幾根，不會影響健康啦！你看台北空氣多糟，我吸的菸不比那些空氣糟！」（改變認知）

——「我就是因為工作壓力大又要應酬，我根本不喜歡抽菸，但是，沒辦法，這就是人生⋯⋯」（增加新認知）

——「為了我的家庭，我必須健康，所以我戒菸！」（改變行為）

賺不到錢就怪大環境？這不是你所謂的人生

在個人財富與財商裡，也常常體驗並出現「認知失調」。

我們常聽到這句話：「你不好好照顧自己的金錢，未來你的金錢也無法好好照顧你！」但每個月看到自己微薄的薪水，卻又不積極學習財商或投資，可能就會這樣告訴自己：

——「我薪水那麼少，能丟進投資的資金根本不多，何必浪費時間去學習投資理財？對於我的未來根本沒什麼幫助！」（改變認知）

——「我現在都顧不好了，還想到未來幹嘛？沒辦法，這就是人生！」（增加新認知）

——「我雖然薪水不多，但是可以先每個月花 1,000 元，買兩本投資理財的書來學習，這樣一年就有二十四本的財商範本，相信在這段期間，我會開始改變自己對金錢的觀念和行為！」（改變行為）

——「雖然每個月只能投入 5,000 元來買零股、收銅板般的現金流，但是有開始並持續，有做絕對比沒做的好！」（改變行為）

如何改善認知失調問題？知行合一最重要

怎麼改善認知失調？其實一點都不難，只要讓認知與行為一致即可！

很多人選擇改變認知或增加新認知（也就是找理由藉口來「改變認知」與行為一致），而非真正去改變行為。

這是因為改變認知，相對來說是比較簡單與輕鬆的方式；但是改變行為，通常需要長久的時間與付出更高的心思情緒。

知行合一說來簡單做來難，改變行為更難！不過研究發現，透過「環境」來改變行為，是最簡單、成功率最高的方法。

一個人說不怕冷，把他直接丟到北極（環境），基本上很少有人能持續說不怕冷；在家聽五月天演唱會 CD，以及到現場聽五月天 LIVE 演唱會，同一首歌的爆發力與氛圍能量就是不一樣！

所以如果你真的想要改變自己任何行為（包括學習投資），建議與專業投資教練，以及熱愛學習財商的人們一起學習，在大環境之下，對於學習的成果是最有效率的。

$ 財富自由，多少財富算「自由」？

- 被動收入等同於你的薪水，就代表你「自由」了。
- 資產所創造出來的現金流，決定你什麼時候自由。
- 提高自己的「價值」？投報率最高、風險最低：學習。
- 如何把財富自由的終點線往前移？花錢的效率是重點。
- 抓緊與配合天時地利人和，體會與重視「自由」的快感。

請問：「要多少錢，你才覺得是達到財富自由？」

我經常在演講時問大家上述這個問題。

大部分的人反應是：「沒想過」、「不敢想」，或是提出一個數字。

你是否思考過，財富自由的重點是在於財富？還是自由？

答案是：財富自由，永遠都是自由先達到，而非財富。

很多人喜歡說「只要我有 3,000 萬，我就可以財富自由！」，但「自由」這件事真的跟擁有多少錢沒關係啊！

何謂達到「自由」？只要現金流收入等同於你的薪水，就代表你「自由」了。例如薪水一個月 3 萬元，只要有辦法創造出的月現金流達到 3 萬元，就自由了不是嗎？

但是請注意，自由並不代表財富。

學習創造資產，而你就是自己的最大資產

很多人認為一定要擁有多少錢才算自由，這是錯誤的，因為有了自由，你才不會被制約住。而資產所創造出來的現金流，則是決定你什麼時候自由，所以要先學習如何創造自由。

「可是我沒有什麼『資產』啊？」相信你會這樣質疑。

其實，我們每一個人至少都有一項資產，就是自己。有人一個月薪水 5 萬元、有人 10 萬，有人可能只是領最低月薪，這是因為每一個資產（自己）的「價值」不一樣。

而如何提高「價值」？還是老話一句：學習提高自己的技能與價值。

很多人想提高賺錢的速度，但很抗拒投資自己做「學習」這件事。但學習是所有投資領域裡，投報率最高、風險最低的行為。你花的只是時間成本和研究學習，學費也遠遠低於自己想像，例如只是閱讀一本財商相關的書籍或上一堂投資課程。

想要學習創造現金流，第一件事就是學習投資自己，提高自己在職場上專業和技能，並同時提高自我財商相關知識。

如果原本一個月薪水 3 萬元，因為提高了「值」而加薪了，薪水增加了 5,000 元，等同於「零風險」的創造出一年 16% 的投報率。這時只要維持原本薪水 3 萬元的生活方式，多出來的薪水就可以拿去投資能創造現金流的資

產，透過時間發酵，複利效應就會出來。

但是一般人不是這樣做的。加薪了，就代表著就要過 35,000 元甚至更高花費的生活，然後跟大腦下指令：對自己好一點吧！以前沒有錢買車，現在終於可以買了；以前只能到日本韓國玩，現在當然要去英國法國走走，所以就算加薪了，還是存不到錢。其實學習創造資產，再進入買進資產，兩者環環相扣，才能創造出最大的現金流效應。

高收入不代表擁有高資產，因為賺錢是為了花錢

對於財富自由這件事，很多人也搞錯了一個重點：多數人高收入，並不代表他有高資產。

道理很簡單，因為很多人賺錢是為了花錢。

辛苦賺錢月入 20 萬，所以要對自己好一點，穿名牌、戴名錶、開名牌車、住豪宅。但是你是否曾想過，未來得要賺更多錢，來支付這些開銷？

其實真正財富自由、有錢的人，對於花錢的態度是令人改觀的！

我們認為的有錢人，外在形象就像是前面所說的，用名牌來堆疊自己，但是研究報導卻指出，真正的有錢人多半很「樸素」，他們低調簡約的過生活，不拿名牌來炫耀身份，每月所花費的金額也不如一般人所想像的高。

所以存錢、賺錢、花錢，這三個哪個最重要？其實是花錢，因為存錢的目的也是為了未來要花錢，怎麼有效率的花錢，這才是重點。

從學習投資、創造現金流，到終點財富自由，只要把終點線劃近一點，

達到的速度會更快！至於如何把終點線往前移？還是有關於花錢的效率。

建立財富自由不難，難得是達到的人不多

至於如何建立財富自由？這跟減重或戒煙沒有太大的差別，看起來很簡單，但是能達到的人並不多。

在學習建立財富現金流前，我們必須先瞭解什麼是資產、負債，以及正負金流量。

資產

是任何能創造正現金流，並放金錢進入你的口袋（以每 30 日為最佳）。這些資產，在你不工作的情況下，依然能讓你生活。例如現金流房產（不包括自己住的）、高配息績優股、高配息債，或能創造廣告收益的網路資產（例如 YouTube 影片）。

至於現金流房產的優勢，在於除了能創造收租效應、資產增值，甚至還會有一些稅務上的優惠，但最重要的是，租金會因為時間效應的通膨一起調整，也就是抗通膨而非長年創造相同收益效應。

負債

是任何需要從你口袋裡掏出來支付的負現金流。通常每三十天就必須支付一次，例如信用卡債、房貸等。當你唯一的正現金流是你的薪水收入時，未來任何一個時間，當你失去了這份收入，這些負債將每三十天迅速地削減你的存款！

正負金流

是資產還是負債，得看你金流的正負流向。

每個月當你繳了 3 萬房貸給銀行時，這房貸對你而言就是「負債」；而同樣一筆房貸對銀行卻可看為是「資產」，每隔一個月就把自己的金錢放進銀行的口袋裡。

如何才能走上財富自由之路？天時地利人和

誰都想在財富自由道路上暢快的奔跑，但是想要快速達成自由並累積財富，必須天時地利人和都互相配合：

天時：週期

數據顯示，每隔約十年就會有一個投資獲利的經濟週期，懂得抓住這週期的人，就能加速翻倍自己的資產，強大的資產才能真正創造有效率的現金流，本書的後面會提供更多這方面的資訊。

地利：創造現金流的關鍵

例如：賺錢和花費的地點。賺台幣花台幣，很辛苦；賺美元花台幣，很好；賺美元花美元，不一定做得到。

以投資美股、REITs 為例，若是每個月有 3,000 美元的現金流，住在美國加州相對辛苦，但是如果是住在台灣，擁有台幣約 9 萬的收入，生活上是相對輕鬆的。

人和：自己

需要付出時間和學習成本，千萬不要陷入低水平勤勞，也就是瞎忙。

另外，也要注意「延遲效應」，我們常常會專注於現在，而忽略未來的美好，結果未來就渾沌一亂。

例如朋友約出來玩，因為手上的專案時間未到、不急，所以就出門玩樂了；暑假作業拖到最後幾天才寫，反正開學還早；刷卡先享受，未來再用薪水來付，於是就出現了卡債的問題。

人類對於越遙遠的東西越感到模糊，不論是距離還是時間。所以現在跟你提到退休、老年生活，是沒有感覺的，但當你五十歲後卻會越來越有感覺和重視。

所以提前感受是重要的，提前達到財富自由是重要的，坐而談不如起而行，現在就開始重視「自由」這回事。

$ 消費？保險？退休？關於理財的迷思……

- 如要懂得建立讓金錢放大效應的習慣，這是理財的關鍵。
- 研究每次花費背後的真正目的是什麼，而非情緒一來就花錢。
- 消費等同於債務，管理好就能創造生活品質，反之控制你的人生。
- 只記帳而不調整，記帳本裡的金額只是個數字，還是存不到錢。
- 「退休」真正的意思是：不用任何工資收入還能輕鬆生活。

　　我們活在一個消費主導的社會裡，對於消費，非常專注於「數字」而非「產值」，也就是我們經常說的 CP 值。

　　或許你會說：「有啊，我買東西最注重 CP 值了，不便宜我不買！」

　　是嗎？捫心想想，你是否情緒一來就常將 1 萬元當 1,000 元花，而非讓 1,000 元創造出 1 萬元的價值？

　　「老闆幫我加薪！買！」

　　「失戀了，我不對自己好一點，誰會對我好一點？買！」

　　數字是一種情緒，時間也是。

每次消費背後的真實目的是什麼？你知道嗎？

　　所以當你收入不多、但是又想跟朋友在一起時，其實可以學習只約喝咖

啡、不約吃晚餐，這樣便達到能跟朋友在一起、而又花費不多的目的。

我會建議每次與朋友的聚會裡，要習慣地去透過彼此創造學習價值，而非只是一起打屁聊天，如此才能創造出更多的人脈 CP 值。

消費行為的背後，往往是為了達到某個目的的手段。消費買食物是為了生存；參與社會活動而消費，是為了買到快樂，你必須去研究每次花費背後的目的是什麼。

就像是花了 20 萬買了一款自己心儀已久的名牌包，但等同於預先消費了你未來好幾個月的薪水，雖然你可能認為持有這個包，能讓自己「身價」瞬間大漲，也喜歡沈浸在別人羨慕的眼光或尖叫聲。當然你也可能因為買了這個包，對於賺錢的慾望更高漲，把它看為是一種動力。

是否不用花費太多，便能達到目的的方式

再例如前面所提的朋友聚會，你可能很享受跟朋友的聊天分享，或是生活很無聊、有人陪伴也好。

與朋友約吃飯、喝酒，可能是想放鬆一下，但是最重要的是跟朋友在一起的這回事，那麼有沒有不用花錢就能取代的？或許相約一起運動，也是不錯的選擇。

消費其實等同於債務，管理的好就能創造生活品質，但一旦失控，反而會控制你的人生。

「消費的起」並不代表需要成為你的生活風格或方式，別讓情緒（不管是正面或負面）來誘導我們消費。

這就是對大腦下了指令，大腦接受了這個理由，就去做了，不論是好或不好，大腦全盤接受。

記流水帳無用！擁有省錢的習慣才能存到錢

許多人都會記帳，至於記帳的目的是什麼？幾乎都是想知道自己賺了多少、花了多少。

但是，請記住，記帳這個行為並不會幫你生出錢來，也不會讓你更有錢，尤其是只會記所謂的流水帳。

我覺得記帳最大的價值在於抓漏，讓自己知道錢到底都花費到哪裡去、找出漏點並改善它，但是如果只是天天記下「花了多錢」這個舉動而不去反省，再勤勞於記帳的細緻度，都對人生和生活無用，因為那些金額對你而言只是個數字，還是存不到錢。

建立有效花錢的習慣（不要再用「省錢」這兩個字了）才存得到錢，這跟記帳與否沒有絕對的關係。

記帳不是為了省錢，而是要清楚金流的方向並且抓漏，建議不用每天記流水帳，只要持續記帳三個月左右，就大概能知道錢都花到哪裡去了。

至於記帳才能砍支出的目的，老實說，是短時間最容易看到的效應！但砍支出能止血，但卻沒辦法有太大的長久逆轉效應，所以勢必還是要同時創造新的收入與現金流！懂得建立讓金錢放大效應的習慣，這才是致富的關鍵。

沒錢時需檢視的是固定支出，而非一次性消費

很多人把存錢這件事跟痛苦連結在一起，所以根本無法持續；因為收入無法增加，只好減少支出，可是已經砍到見骨了，效應也不大。

更多人在沒有錢的時候，都會去砍一次性的支出，這是不對的。需要檢視的是固定支出而不是非固定支出，因為固定支出是連續性、是負現金流的概念。

例如手機通話費如果每個月都是 2,000 元，如果有辦法壓在 1,000 元，如此每個月就能省下 1,000 元，一年就有 12,000 元。

保險費也是，每年或每個月都要繳費，但你是否檢視過這些保費有沒有白繳呢？

我有個學員，他們家三口，一共有十八張保單。

「因為保險員是我姐最好的朋友，我相信他不會害我們！」這個學員如此說道，「而且他還說我們保的不夠，還要保！」

為自己投保是正確的觀念，因為自己是人生最大的資產，沒有健康就沒有未來。

繳保費繳到出現負現金流，若無現在怎談未來

但是我看了他的所有保單，對於每一年要繳的總保費額如此高昂十分訝異，而這些保單中，有些是繳了拿不回來或重覆保項。

學員知道這個結果嚇到了，他平常生活都很省，卻一直努力繳保費，繳得很辛苦，每個月都是負現金流。

「你都沒有確認檢查過？」

「完完全全沒有。」他搖搖頭。

就因為信任不去做審查，讓大腦沒有懷疑的接受指令，這便是沒有知識和財富落差的觀念，自然錢就會從你手中流去。

保單是保險公司重要的資產，因為每個月都能創造出大量的現金流，只要保戶一年沒有出事，保費基本上都屬於保險公司的獲利與金流，而全數保戶同時出事要求理賠機率極低（除非發生戰爭、地球毀滅，但這部分保險單也是不理賠的），每一年多數的保費還是落入保險公司的口袋裡。

就算真的有保戶申請理賠，由於每個月公司有穩定現金流，拿這些現有的現金流去支付理賠即可，也因為現金流架構，讓保險公司歷年來都在做無本生意。

在經過審查之後，我幫他去掉了一半左右的不必須保單，他現在很開心，每個月都正現金流了。

什麼時候退休？真該養兒防老嗎？

退休是人生大事，你打算幾歲退休呢？其實這個「退休」真正的意思是：你不用任何工資收入還可以輕鬆生活下去，這才叫退休。這也是為什麼有人工作做到八十歲還無法退休。

退休的時間並非你可以決定的。

很多人在例行健康檢查之後，才知道不是退休後才會生病，甚至必須停止工作來做治療休養。所以不要認為你自己能工作並有工資收入到六十五歲，要先有這種「如果健康現在出狀況該怎麼辦」的預備心態，也更能感受到現在就開始建立現金流的必須性。

對於已經有婚姻家庭的人，你的兒女也應該是你的資產現金流之一，千萬不要跟小孩說，你長大後顧好自己就好，爸媽自己會照顧自己！

你把人生最精華的二十年加上數百萬的存款都給了孩子，原本可以做更多自己未來人生的置產資源，也都用在養育小孩，小孩長大理所當然要學習回饋並照顧你，養兒防老的觀念是極其重要。

我了解，你要說又不是每個兒女都有能力養的起我或願意養我…. 但這不是從小就應該投資在他們財商觀念以及教育他們的重要性嗎？兒女每個月不管多少，都必須給予並可以運用，你甚至要幫他們存起來都沒關係，但就是不要拒絕！請不要剝奪他們成長的機會，因為這是培養他們金流的方式。

我常建議我的讀者們，當小孩十八歲的時候，要送給他們一份「大禮」——一份出生至今他們的花費帳單，甚至分一千期來償還都沒關係。

當你做了這件事，有兩個好處：首先，當小孩有一天真的繳清了這個帳單，也代表了他有能力賺錢和理財，你便可不用擔心他們的未來；第二，這錢進了你的口袋，成為你的現金流，可以靈活運用。會送這份「大禮」跟愛不愛小孩無關，重點在於從小就要教導並建立他們財商智慧與穩定賺錢的持續性。

$ 投資理財有夠難？你需要刻意修練

- 賺錢這件事是一種技能，需要刻意修練。
- 承擔風險和承擔衡量過的風險是不一樣的。
- 需要專注的是過程中所建立出來的現金流能力與態度。
- 想要聚焦，就不大可能多元化；要多元化，就不大可能聚焦。
- 激情和熱情是不一樣的，很多時候我們都處於激情而非熱情。

投資理財一定會牽扯到「取捨」的問題，風險和報酬的取捨。

如果你想獲得高報酬，風險相對而言就會高；如果想要低風險，就要放棄高報酬。想要低風險然後是高報酬？很抱歉，這個幾乎不存在。

價差獲利來自於波動，低波動當然不代表無獲利，就像是定存，獲利很低。但有波動並不代表高風險，有如 1 萬元買進美股 AAPL 股票跟 1 億元買進美股 AAPL 股票，哪一個風險比較大？答案是，風險其實一樣大，只是承擔的風險程度不同而已。

不要害怕承擔風險，因為承擔風險和承擔衡量過的風險是不一樣的。

不要什麼都想賺，搞清楚你的現金流能力

想要聚焦，就不大可能多元化；要多元化，就不大可能聚焦，這也是不變的法則。所以要先專注於聚焦，穩穩的創造現金流，再拿現金流去投入高

報酬、高槓桿的金融商品操作。

建議大家不要單單只是專注於存錢或是賺錢，而該開始關注手上有多少能創造現金流的資產；就像我個人的投資理財理念，不會什麼都想投資、什麼都想賺，因為這樣雖然有機會賺多，但同樣也累死自己，單純設定目標，任何投資都是以創造現金流為優先順序。

此外，在投資理財中還必須清楚一點：投資和投機（長期投資和短線操作）是不一樣的，但是可以搭配，透過組合來加快賺錢的「速度」。

資金投資能創造穩定現金流的資產，再將現金流投入高報酬、高波動的期貨、選擇權槓桿的金融商品。

以我為例。我把大部分的資金，都投資在比較穩定的 REITs 賺取穩定現金流，然後再拿部分現金流去做槓桿操作美股指數期貨。

這樣子的搭配下會產生兩種結果：我丟進去的錢因為獲利而翻倍，或者虧損沒有了。但是由於是運用現金流去操作，心態上自然沒有太大的壓力，更不會在高壓下做任何的情緒化操作決定。

期貨獲利翻倍，能將獲利再投入到 REITs 裡購買更多能生現金流的資產，如遇到虧損，第二個月我還是有部分現金流當新的籌碼持續操作，這是相輔相成的。

選擇適合自己的遊戲，並瞭解遊戲規則

人生猶如一場遊戲，不管投資也好、創業也好，都是人生遊戲中的一部份，既然「遊戲」這麼重要，當然要先懂得遊戲規則，並且選擇適合自己的

遊戲。

　　至於投資這個「遊戲」，很多人會有著「因為我不懂，所以不敢碰」的心理因素，害怕辛苦賺來的錢，會不會一下子就沒有了？但也就是因為已經對大腦下了這種負面指令，便會讓你越來越不敢投資。

　　但是不管如何，在金錢領域裡，你我勢必是都在這場「遊戲」中，而越懂得遊戲規則的人，越能玩到出神入化並為自己的未來人生加分。相對地，不懂遊戲規則並從不想嘗試改變的人，不要害怕會失敗，因為失敗是留給有努力過的人，你只是直接被「淘汰」。

　　例如簡單的鈔票通膨遊戲規則，每二十年的時間，手上的鈔票購買力就會折舊對半，存了 100 萬，二十年後的價值就只剩下 50 萬了。這也就是我熱愛金錢，但不熱愛鈔票的原因。我會把所有鈔票轉成現金流，也是因為這個緣故。

分不清熱情與激情，你該不會是誤會什麼了？

　　激情和熱情是不一樣的，很多時候對於賺錢這件事，我們都處於激情而非熱情。

　　其實熱情和激情最大的不同點在於，熱情有目標加上行動方案，每天操練都不累；激情只是情緒的短暫催化劑，就像是看了一場電影，散場後什麼都沒了。

　　「我也想啊，但是就是做不到啊！」你可能會不可否認的說出這句話。

但是，你說到關鍵字「做不到」了，大腦就聽從你的指令，想盡辦法完成你下的指令，就是讓你想做也做不到。

所以對大腦下指令時，一定用字要精準，或者修正詞彙與問句，若沒辦法做到，記得改變用問問句的方式，我要透過什麼樣的規劃與行動方案才能做到？

賺錢也需要刻意修練，才能練得一身功夫

要成為最頂尖的運動選手，必須要刻意修練，投資理財也是。

我們常常忘記賺錢這件事也是一種技能，需要長時間刻意修練，經過無數次的重複練習，才能把賺錢這事看成理所當然。

我們對於目前所擁有的生活、想法、價值的東西，與未知的改變，在整體衡量之下，覺得現在過的還可以、現狀處於比較優勢的狀態，所以沒有改變的必要，也無須刻意修練跟改變任何事。

其實我們在改變與不改變之間，經常會犯一個錯誤——就是不做選擇。

雖然不做選擇也是一種選擇，但是不做選擇的話，主控性就會降低，如果一直猶豫到環境逼迫你不得不改變時，所剩的選擇與選項就會變得更少（甚至更糟糕）！

只能說大家太容易陷入所謂的心智懶惰，陷入循環於自己過去的經驗，並且不願意持續學習，來衝擊大腦學習新的知識，與建立現金流技能。

說到心智懶惰，其實我們會陷入哪一種「循環」，都是根據過去的經驗。

很多投資者所做的決定，都是根據上次的經驗，而不是去討論整個過程，這也是在投資理財中需要磨練的重要部分。

要修滿修好修得金錢入庫，就得靠自己刻意的修練，而在練功夫的過程中，就會出現你獨有的現金流能力與態度，這就是令你財富自由的關鍵所在。

Part 3

跟大腦下對的指令，與金錢正向連結

你是否有過這種念頭？覺得自己應該要做些什麼，但又並非是為了往後的成功，單純只是「覺得」要做點什麼，唯有如此才能讓當下的恐懼降低……

每件事情背後的效力，肯定都會有一股動力，而這就叫做情感目標。醫生若不看診便沒有收入，上班族若不工作就沒有薪水可拿，隨之而來的便是沒錢的痛苦，也就是因為這些愉悅和恐懼，每天指使著我們工作，並且也不得不工作。

但是有些時候，「做事」不是被逼的，是因為喜歡它、愛它，甚至有使命感。

這就是我要告訴大家的祕密……

開始設立你的理財情感目標

- 理財情感目標的設立，要先求穩再求好。
- 情感目標，主角永遠是情感，不是目標。
- 只要情感設立正確，任何目標要達成都不困難。
- 有了現金流，代表可以慢慢地把人生的自主權握緊。
- 透過情感目標設定，大腦便會啟動並迅速完成行動方案。

金流之所以叫金「流」，就如同水流一般，有進也有出。

在地球上，我們消耗多少資源，就要創造多少資源，才能永續下去。而創造價值和資源，就來自你的快樂感，快樂的多寡決定了你的情感目標，以及現金流。

對我而言，錢是一個工具，為什麼要有現金流？因為它可以慢慢地把人生的自主權握緊。我常說醫生往往也只是高級勞工，雖然時間值是相對比較高薪，但許多醫生總是從早到晚地忙碌。

當然，每個領域的專業都有它對社會的價值並幫助到許多人，並不是工作這件事是多消極或負面，學習創造現金流只是讓自己的未來能有更多時間上的選擇，至少讓自己在決定任何事上，不再因為金錢而讓自己的考量有所限制。

讓熱情目標與大腦串連，並閃耀著金錢光芒

大家都懂得設立目標的重要性，但多數設立目標最後都是沒有達成的。好消息是，其實設立目標的目的不是達成，而是讓自己的大腦有指令跟方向。前面章節提過透過問問句的方式，如 SIRI 般的跟大腦對話與下指令，但真正要能完成目標，關鍵還是在於必須設定「情感目標」。

什麼叫情感目標？舉例：一個人要在短短一個月將英文學好的機率大不大？多數人的回答可能認為有機會但是困難度高。但如果今天我告訴你，若是你能在一個月之內把英文學好，你久病臥床的媽媽就會完全痊癒，你覺得把英文學好這件事，是否成功率大大增加？這就是所謂的情感目標。

大家喜歡在新的一年做所謂的新年新願望，根據研究 1 月 1 號設立的目標通常在 1 月 15 號以後，多數人已經忘記設立了什麼目標或放棄。對於放棄的結果，心情上也沒什麼太多的起伏波動，因為自己也沒真的投入與付出過，自然沒什麼情緒或情感反應。

用想像就能歡喜或恐慌，更何況是真實對戰

你應該會認同人生不需要真正發生什麼事，光是用想像的，就會出現一些情緒反應。例如投資理財，光是想像可能的結果，不管是賺錢或賠錢，就會激發情緒；看到電視新聞報導著今日財經重點，投資者也會對於市場價格的變化，立即產生情緒的反應。

尤其是投資新手，大多數的人對面盤整市場容易感到緊張，上漲時興高采烈、暴跌時充滿著疑惑跟恐懼，而高興、疑惑和恐懼，都會影響投資者的想法和後續資金處理的方式，也就是後續的 SOP 完全不同。

投資結果一般能分為大賺、大賠、小賺、小賠這四種狀況。大賺大賠、小賺小賠，如果懂得把「大賠」拿掉，長時期下來，賺錢的機率還是很大；不過也有人習慣只跟大腦下了個「有賺就好」的指令，所以常常錯失掉大獲利的機會。

那麼這世界上到底有沒有零風險投資？答案是，當然有！這不是詐騙集團的口號或手法，而是時間獲利就是零風險投資架構最關鍵的元素，基本上只要把投資的本金 100% 拿回來，就是零風險。

不要瞎忙亂跑，建立屬於你的情感目標

情感（情緒）如此支配著你的一生，所以學習善用情感，是你成功的絕對關鍵！現在，立即開始學習設立你的情感目標吧。

請大膽學習設立情感目標吧！！因為設立目標不需要任何本錢、也不用開發客戶，就算達不到目標也不至於有什麼嚴重的後遺症。要記得，設立目標最大的目的，是讓大腦有個清楚的指令跟方向去執行。

先讓我們試想一下：在沙漠荒野裡跑步和在跑道上跑步有何不同？

這代表著一個是在毫無方向下奔跑，另一個是有著終點線目標的跑著。

而「亂跑」放在生活裡，就是我們所謂的瞎忙，更可怕的是，每天大部分的瞎忙可能都還是在瞎忙別人的事。

學習凡事設立情感目標另一個好處是，你能去量化許多的事，進而更有效率的隨時修正目前自己的行為，並往終點線跑。

舉例：今天如果你要從台北開車到台中，在高速公路上遇到二個問題，一個是公路旁開始火燒山，另一個則是前面有路障，你覺得你應該花時間處理路障還是火燒山？

設立目標的好處是，讓自己知道現在在哪、往哪裡去，目前遇到的問題是否跟設立的目標有相關？還是永遠都在浪費大量的時間處理跟目標無關的事，最後只能用「瞎忙」來形容自己每天的生活。

先求穩再求好，只要一種投資到能出神入化就是贏家

在大自然法則與二元世界裡，快和穩通常無法同時並存，若想要同時具備快又穩，那是需要極高的技術。例如銀行定存是一種相當穩的投資工具，但是賺錢的速度卻連通膨都跟不上。可是如投資期貨或最近很夯的虛擬比特幣，雖然因為槓桿或波動大，感覺賺錢速度快，但只要進出場點沒抓好，你面臨的不是「會不會賠錢」，而是「什麼時候賠完」的問題。

其實賺錢方式這麼多，無所謂對錯問題，只有適不適合自己的方法。

一般投資人容易陷入學越多賺越多的陷阱。這個「名言」我們從小就被訓練（下指令）牢記，就好像「讀越多考越好」一樣，不過，這是錯誤的。

世界有上百萬種賺錢的機會，但你不需要什麼都懂，我們只要選擇一種，並且讓自己在這個範圍裡，讓這個賺錢的技能達到出神入化的狀況就好。

$ 把自己變成更卓越的那個你

- 如果可以瞬間改變 你想擁有什麼樣的人生？
- 大腦總需要「原因和理由」，才不會陷入當機狀態。
- 問對問句、不要拖延，目標設定短期為佳、簡單為上。
- 模仿推崇成功人士的行為和作法，成長速度會增快。
- 立下情感目標，與同好修練，夢想就更能確切實現。

人們為什麼喜歡去算命？其實是因為當人生陷入迷茫毫無目標時，大腦容易陷入當機狀態並焦慮，透過所謂的算命甚至星座給大腦一個對於現狀的「原因和理由」，哪怕是付錢給一個陌生人告訴你多瞎的答案，你都會因為接受這答案而感到一些安慰。

有目標的人根本不會去算命，他清楚自己要什麼。

人想要能迅速改變，最有效率的模式，就是透過「模仿」的方式。從小我們模仿爸媽，成長過程模仿明星偶像，現在的你，是否有一個模仿者（Role Model）為標竿，讓你可以透過模仿來加快自己的蛻變？

讓建立財富這件事，變得跟呼吸一樣自然

對於熱愛任何事物的人，都有一個共同點：持續執行、持續卓越，成為更好的自己。所以若想變成這種的人，如何定位自己、改變自己的身份，這些觀念一定要有。

熱愛音樂的人，不需要鼓勵他去玩音樂，因為每天他的腦袋裡，就是會想著如何更享受音樂、如何創造出美好；對爬山有熱愛的人，不需要鼓勵他去爬山，因為他整天都在研究該去爬哪座山？甚至成為登山教練與領隊。

熱愛現金流和金錢的人，也不大需要旁人的鼓勵，因為自己就會每天花時間研究與執行，快樂地創造現金流。 如果學習賺錢這件事，你還需要其他人鼓勵，你不覺得其實這樣的你，很難讓建立財富這件事跟呼吸一樣自然嗎？

所以，快點把自己「變」成熱愛財富與現金流的人。

不過在變成想要的那種人時，會發生身份迷思的問題，而且需要時間與學習。

我就曾經碰到過這個問題。過去，我對於自己的多重「身份」帶著迷惑，當人們問起我的工作時，很難去解釋自己是醫生，是基金經理人，還是美股投資教練。

直到有一天，我突然理解，我的身份單純只是一個「每天幫助他人創造價值」的人。在健康上創造價值，在財商教育上創造價值，在資產數字上創造價值。

短期且簡單的目標，有助於加快變身的過程

我常鼓勵學員夥伴，每一年在人生各領域都要以 30% 的成長為目標，讓自己每三年翻倍一次。

這當然包括對於現金流的目標設定。

為什麼是用 30% 這個數字呢？目標設的太長遠或美好，其實是實現目標最大的障礙，在心理學而言，越遠期並遙不可及的目標，產生出來的專注與確定性就越模糊，大腦在優先順序上，自然排列到很後面。

其次，越有把握的事也越不會拖延，會馬上做，因為可以即刻得到滿足和回饋。簡單來說「越簡單的事，執行力越高」

此外，設定短期且簡單的目標，可以讓自己有所依據和規律，生活上如此，金流上當然也是如此！就好像汽車開了自動導航一樣，跟隨著設定好的路徑而輕鬆前進。

所有事物都是可以經由訓練改變的，但設立目標越簡單、越容易達成。

例如一次賺到 1,000 萬元的機會不大，但是賺一千次一萬元就容易多了。

「好，我三年要賺到 1,000 萬！」你拍桌子立下願望，但是，定下這樣的目標跟沒定是差不多的，因為三年以後與 1,000 萬元感覺都是很遙遠，大腦對於這樣的目標設定，產生不了急迫感跟焦距，自然行動力上也必極差，達成這個目標的成功率自然靠近零。

但一樣的目標，我們能設為：

——我來找出十項目前網路或工作上能賺 1 萬元的方法，從這十項再列出自己可行的幾項並開始執行，讓自己的目標為賺 1 萬元並達到一千次即可。

我相信這樣的做法，就算三年後沒有真的賺到 1,000 萬，在這過程，你也開啟了自己無數次賺 1 萬元的能力，並往 1,000 這個數字更靠近。

想要變身成功，模仿和潛意識的加持是必須的

大腦同時擁有顯意識和潛意識，顯意識屬於理性，潛意識屬於感性，而且潛意識其中一個特質是，它無法判斷過去、現在和未來。

我們的潛意識二十四小時都在收集資訊，當我們每天都看著垃圾新聞、政論節目，大腦就會不斷地吸收這類的資訊，使我們的想法和情緒因而偏頗。

但是這個特質也能用在好的地方。例如一天二十四小時都與成功人士在一起，潛意識自動會去引導你觀察他們做了什麼，然後自動模仿他們的行為和作法。

這就跟《秘密》這本書所講的「心想事成」很相似。書裡說我們可以跟宇宙下訂單，夢想就能實現，不過我卻認為這個想法應該倒過來！

比如我想減重健身，因為我有一個這樣的情感目標，所以就會去找一群熱愛減重健身的朋友、加入他們的健身隊伍，透過環境的力量，自然能一起瘋狂的研究減重和健身！成功速度最快的人，通常都是某一種「控」或是「狂」（工作控、健身狂等），總是不停地在研究如何可以更好，現在有了同好，夢想更能確實實現。

這個方法同樣也能放在創造現金流上面。

讓大腦和金錢有所連結

・降低投資理財門檻，執行力自然會變高。
・讓大腦隨時與金錢連結，下指令時就減少錯誤的心態發生。
・在嚴冬來臨時，選擇滑雪還是被凍死？這要你自己決定。
・你懂得玩「金錢遊戲」嗎？知道如何花錢才是真正的高高手。
・擴大能力圈，讓自己感到舒適，生活和理財成功率就會上升。

你現在有什麼現金流？或是，你自己是唯一的現金流？

如果現在只有存款的話，以現在利息如此低微的狀況下，把錢都放在銀行存起來，也不會幫你生出多少錢。

爸媽或長輩們總跟我們說，努力賺錢的目的就是要好好存錢、別亂花錢！沒錯，這道理在他們那個年代是非常合理的。1980 年左右，定存的利率有著 10% 以上，存定存拿利息，甚至利息再定存都是很棒的事。

但是，在現在低利率時代，一樣的方法已經無法努力存錢生利息了，所以必須再找一個工具，為你創造 8%、10% 的利率。

別讓自己活在「越花越有錢」的假象中

大腦在與金錢連結的同時，如何更懂得花錢這件事相對重要。

投資也是一種花錢的方式，因為要投資就得丟錢出去，我們都希望付出了 100 元，能夠回來 1,000 元。

所以我常講說，所有的領域裡，一定有「好手、高手、高高手」之分，在財富領域裡真正的高高手就是懂得將「花錢」極緻化的人。

但是很多人，受到社群對於階層的影響，都會活在一種假象中，覺得賺越多，生活就必須花費更多，來展現自己的生活品質或品味。

例如剛出社會時，你的月薪可能只拿到最低起薪，工作認真之後變成 3 萬，然後升經理了，薪水變成 6 萬、8 萬元，你開始覺得自己的收入越高，生活品質就要過得更好一點，於是開始換新車、貸款買新屋等，但這些其實都是你的「負債」，每個月必須從你的口袋裡掏出來付款。

又例如房貸。向銀行貸了 1,000 萬，20 年分期付款、年息 1.3%，很多人會選擇每月支付房貸金額最少的方案。

一般都是本息平均攤還，每個月付同樣的金額給銀行，感覺上這樣比較簡單、錢又付的少，但這種選擇卻代表了你每個月所付的貸款金額中，其實絕大部分是支付利息錢，本金只佔少部分。

就這樣繳了七、八年之後，在每個月付房貸的金額中，終於繳本金要比繳利息多了的時候，這時銀行就會藉故聯絡你，說房子增值了，要不要重新貸款、再多貸一點錢出來使用？於是，你又回到利息永遠還不完的階段⋯⋯

你覺得划得來嗎？或許應該這樣問：你懂得「金錢遊戲」的規則了嗎？

用簡潔清晰的方式，讓大腦連結上現金流

以我當醫生的經驗，當與病人說太複雜的事時，病人的執行力就會越低。

「加入健身房後，一個禮拜健身兩次，一次兩個小時，一三五有這些課程，二四六有這些，你要……」我曾經這樣仔細的地訴我的病人，在參加健身房後該如何去做，但是，病人根本沒去健身，後來我才瞭解，原來門檻越低的事，執行力才會越高。

所以之後我更改成：「你現在每天只要花兩分鐘在家做這一個運動即可！」病人聽了都點頭說做得到，而且執行力很高。

這也是為什麼在書的後半部會將 REITs 介紹給大家，因為 REITs 的投資門檻低，是任何小資男女都做的到的投資項目，而當你開始做就會有感覺，有感覺的時候，就能加深「自己真的做的到創造現金流這件事」的信念並持續去做。

美國最新的行為經濟學研究發現，任何事情必須先做（DO），在做了以後，大腦才會收到訊息我真的可以做到（CAN DO），這樣才會持續的執行下去，開始刻意修練。

你人生第一筆現金流，不論多寡，都不是重點，重點是你做了（DO），就能深深感受到你真的能做到（CAN DO），如此便能加深你的信念。

擴大能力圈，讓大腦覺得安穩、成功率大增

若是現在要你定一個理財目標：從現在開始，以月入 30 萬為目標。你會怎麼回答？

「不可能啦，我怎麼可能賺得了這麼多錢？」

當你這樣回答，你的大腦就會聽令行事，想盡辦法就讓你維持現況，就算有賺錢的機會，也讓你視而不見。

大多數的人喜歡在能力圈裡做事，而因為能力圈的大小影響到成功與失敗率，跑到能力圈之外做事，失敗率大增，常就會又縮回能力圈裡。

但想要加快自己成功的方式，不是網路或看到其他人做了什麼事賺到錢、就很盲目的也跳進去做。如從沒泡過一杯咖啡的你，只因為看到住家樓下的那家手烘咖啡館生意很好，於是便毅然決然地辭掉工作並將積蓄都丟進去，但因為投入非自己能力圈裡的事，最後終究以虧損收店結束。

你應該做的，應該是積極擴展你目前的能力圈，能力圈大，你就會感到舒適（因為都在專業範圍之內）、成功率也會大增。

當然，這不代表你不能學習自己能力圈以外的事。

能力圈的外圍我們又稱為「伸展圈」，也就是任何新的事物，都必須以學習並無數次的刻意修練，來建立新的技能。想當講師的你，過去可能很害怕演講，如果突然拉你到上百人前面開講，你同等於直接掉入「恐懼圈」。不過，如果你害怕演講，但願意先在兩個朋友前面練習，這便是所謂的「伸展圈」。

學習創造現金流也是一樣的道理。

當循序漸進，做了之後發現做得到，就能更往前一步！這時你的能力圈又擴大了一些，大腦連結了金錢和經驗，讓你的生活和理財更能舒服的擴展。

$ 三個創造金流的大重點，現在開始就做

- 詐騙集團通常都是從你的金錢焦慮感開始下手。
- 投資自己就等於提高賺錢的速度與能力。
- 閱讀書籍是投資自己投報率最高、風險最低的方式。
- 坐而言不如起而行，物以類聚也是實行效率的好方法。
- 建立人脈是高報酬低風險的事，尤其是分享事物的連結。

很多人知道投資的重要性，但手上沒什麼錢，也從沒任何財商相關知識，而且常覺得理財是有錢人才需要做的事。

就算手上真的有點積蓄，但看到別人好像投資虛擬貨幣或暴利輕鬆賺錢，並常在臉書或 IG 轟炸式的 PO 每天生活享樂，自己就迫不及待的一頭也栽進去投資，最後才發現，只是騙局一場。

四種人能夠賺到錢，你是其中之一嗎？

我們常在臉書或 IG 上看到類似這種「炫富文」：

——「你看我參加了 OO 團隊、做了投資，八個月之後，原本付不出房租的我，現在已經買了兩棟房了！」

——「我去上了 OO 老師的投資課之後，不要說賺很多啦，每天賺個 200 美金就夠我吃喝了……」

這些內容一看，就算心裡知道詐騙的成分居多，但是，偏偏平時省吃儉用的你一看還是被吸引了，而且開始莫名的焦慮，因為那是你一直渴望的夢想，於是在懷疑著這是不是自己一直在找的致富方法的同時，也把全部的家產都孤注一擲，希望換來成為富翁的資格。

一個人的成功模式，其實很難 100% 複製並執行。因為經驗值不一樣，資金大小不一樣，受過的訓練也不一樣，當然結果也就不一樣。

根據統計數據顯示，這世界上有四種類型的人比較容易賺到錢：

第一種類型：創意者。有想法、有平台，於是改變了世界、同時賺到了錢。有如阿里巴巴的馬雲，特斯拉創辦人馬斯克等。

第二種類型：銷售者。透過銷售，收入無上限。房地產銷售員、保險經紀人都是這類型人的代表。

第三種類型：專業者。花大量的時間工作，但同時能賺取大量的金錢。醫生、律師都是經典的專業者。

第四種類型：投資者。也就是如何利用錢來賺錢。有如重視現金流的股神巴菲特。

不管你想成為這四種類型的哪一種，你都要先提高自己的專業能力，以及事業和人脈，這也就等同於提高了自己的賺錢能力。

我常說，高能量才能創造高財富。能量決定一切，能量有如電源或汽油，試想一台很棒的超跑，如果沒有了汽油，也就沒辦法跑到目的地，就算你一直激勵它，說「你可以的！」，汽車還是一動也不動。

當老闆面對一個員工，常常有氣無力的工作或互動，而另一個員工總是能量滿滿，並積極主動的學習事情處理，增加自己應變能力，那麼在未來工作上的提拔，你覺得老闆會優先選擇哪一位？

我再說一次，高能量才能創造高財富，能量決定一切。

創造金流的三大重點，做了才會開始有感覺

能賺到一次的錢，這代表你有潛力；能賺一百次，這才代表你有能力。

如何幫助自己建立穩定現金流，你必須有計畫的為自己設定三個金流重點：

一、擴大自己的「投資能力圈」

從小到大，我們一直沒有建立「投資能力圈」的教育與機會，所以每次只要聊到投資相關議題，都變成一問三不知的狀況。開始建立自己的投資能力圈，最好的方式就是從閱讀或上 YOUTUBE 觀看投資相關頻道。投資自己投報率最高、風險最低的方式。

另外，在此特別提醒，花了一個小時看財經新聞或財經書是有很大不同的。

財經新聞據有時效性，今天的新聞過幾天後就變成舊聞失效了，但是財經書卻能提供讓人不斷地思考與學習的內容。如果每天工作繁忙、真的沒時間多動腦筋的話，在床邊擺幾本想要學習或模仿的財經書籍，睡前閱讀，久而久之也能達到能力圈擴大的目的。

二、做了才有感覺

如果都是紙上談兵、沒有真的去實施，就會沒有感覺，而人是憑著感覺做事。很多人對於理財是無感的，或者感覺是比較偏向負面、沈重的，這時就要靠環境來影響你。

舉例來說，如果身旁的好友都是愛「蝦皮」的人，相處久了，對於購物自己多少會被影響；相對的，如果朋友圈們都是喜歡研究如何創造更多現金流，有人帶動，自然會跟著做。

這是能量的問題。身邊有什麼大能量，你便會被吸引過去，然後一起有感的實踐。

三、建立自己的人脈

這也是高報酬低風險的事。這裡所謂的「人脈」不只指的是人，還包括與人分享等等。不論和相識或不相識的朋友分享自己所學習的（例如一本書的感想），都能藉由分享這個動作連結彼此，進而建立人脈。

而有了自己的人脈，學習、分享，甚至未來人生都會有所相關，創造現金流也會是其中之一。

有「開始」才有未來，不去做就什麼都沒有

不過在執行這三個金流大重點之前，最重要的是「開始」。

例如投資房產這件事，很多人想都不敢想，因為金額太大了，但是可以

利用 RIETs，小金額的投資，利用小金額慢慢買，做了之後你才會相信，原來我是做得到的！

You think you can，but you don't believe。我很喜歡這句話。

問你：你要不要賺更多錢？你會說：我要！但是，其實你一點都不相信自己做得到。

如果你相信自己做的到，自然就會把所有資源導入這件事之中；但是就是因為你其實也沒那麼不相信，所以你連花時間學習賺錢都不願意。

所以，請不要再等待了，親力親為開始做，然後相信自己做得到，並享受過程。

創造現金流的第一步：先玩能贏的遊戲

- 停止於凌亂且花大量時間沒有效率的投資學習。
- 現金流的獲利並非來自於價差，而是來自於時間獲利。
- 同樣的錢用現金流方式進行，就可以變成終身穩定收入。
- 花出去是減、收進來是加，但對 REITs 而言答案並不正確。
- REITs 的獲利是時間獲利，而非企業淨值獲利，是延續的效應。

你一定聽過「選擇比努力更重要」這句話。

當我們選擇了有辦法贏的遊戲，並完全瞭解遊戲規則，就能讓自己成為贏家。

那麼，有沒有任何人都可以贏的遊戲呢？

有的，答案是「時間獲利」。

最容易證實時間獲利的方式，就是「複利」。

在所有的投資方式中，選擇了「現金流」就是選擇「複利」。（短線價差屬於價差獲利的遊戲，一般人因為受到貪婪恐懼情緒與資金控管不佳影響，容易掉入虧損陷阱。）

由於現金流的獲利並非來自於價差，而是來自於時間獲利。時間就是你最大的資產，讓時間創造現金流，才是最重要的關鍵。RIETs 就是是一個很

經典例子，透過房產收租的方式，讓別人的時間也開始為你創造現金流，之後再將所賺來的錢丟進複利效應循環，時間就慢慢為你加值了。

時間獲利是一種可以贏的遊戲

多數人學習投資，都會處於凌亂並且花大量時間去做沒有效率的學習。例如某一個股票，A 分析師說現在可以買進，B 分析師說這代表下跌的開始，AB 兩人講的都有道理，這時大腦就容易出現矛盾，現實偏離，不知道要選擇哪邊。

我們要懂得在任何的事情上，都必須先思考優先順序，才不會浪費時間。

浪費時間，就如同浪費金錢，這句話我們從小就聽過，請不要長大了還犯這個錯。

什麼是時間獲利？我們把投入如 REITs 房產收租想成是一個杯子，一個杯子價格 3,000 元，只要你持有這個杯子，每個月杯子就跟聚寶盆一般地會生出 30 元給你。你每次有了 3,000 元，就去買一個杯子放著，並以集杯子為樂趣。

經過一段時間之後，當你擁有了一百個杯子後，每月從杯子倒出來的現金流就有 3,000 元，這時候你可以選擇把這 3,000 元拿去再多買一個新杯子，未來手上持有的杯子也越來越多。

你能想像一輩子能永續幫你生出零錢的杯子，怎麼可能會隨時想賣掉它們？不管這個杯子現在外面的市價是多少。

因為這樣的集杯很好玩、也不傷腦筋，時間到了，錢自然就會生出來。

而生出的錢，固定百分比之後再去購買新杯子，剩下的錢便拿去旅行、購物都可以。

在集杯的過程中，遇到外面有高價收購杯子的行情，你或許會心動，但是因為記得窮人與富人思維的不同，所以沒有賣掉——窮人看到杯子從 3,000 元漲到 4,000 元，大喜，馬上賣掉賺得 1,000 元，心裡還偷偷竊喜，因為這比每個月才有 30 元的利息好太多了，但是窮人沒有想到，這是一次性行為，賣掉了，就沒有後續現金流的收入了。

時間就是金錢，就看你選擇花掉還是變成聚寶盆

時間是有限的，有些人是一直去消耗未來的時間，有些人卻利用時間獲利。

喜歡刷卡到處玩樂並永遠只是在繳每個月最低繳款的人，都代表一直提領自己「未來時間」（因為未來還是要花時間賺錢還） 消耗。

REITs 和傳統出租房子最大的不同是，REITs 不用擔心一些沈默成本例如找不到租客、各種維修、地稅及保險支出。美國相關的 REITs，因法令每年都會將 90％的租金收益支付給 REITs 投資人，但最重要的還是投資門檻低，只要有心人人都可以成為「金流族」。

最後，REITs 的獲利來自於收租，而非企業淨值獲利（公司有獲利賺錢才有股息可分），租金是穩定並持續性的，也會因為每年通膨效應而增長。這如同十年前台北市的租金與十年後的租金一定有所差別。

金錢雖然不是萬能，但確實能解決很多事情。從工作的選擇到有時婚後

是否與爸媽一起住的問題，都有可能因為牽扯到「錢」而爭吵。

現在就開始好好學習建立自己的現金流，有如好好照顧好自己的健康，除了自己能活得更自在，更不用擔心成為家人或其他人的負擔。

讓自己這輩子過的豐盛富足，是每個人最基本的人生職責。

當收入發生時，請學習富人的用錢順序

- 當有收入時，富人會先將錢放入能創造現金流的資產中。
- 當有收入時，窮人會先將錢拿去支付各種支出後才做投資。
- 持續導入買進資產，建立所謂的複利效應，也稱為無限報酬。
- 不要成為賺多花多存不住錢的「有錢的窮人」。
- 透過現金流，魚與熊掌絕對可以兼得。

現在，你已經知道「時間獲利」的重要性。

接下來，我將告訴你，富人和窮人在面對進入手中的「金流」方式是如何地不一樣？

當一筆收入拿到手上，富人會先依優先順序，拿固定百分比的金額買進能創造現金流的資產，其餘再來支付花費；但窮人思維往往都是先支付各種支出後，才將剩下來的錢才做投資。

窮人的現金流

由於收入與現金流不多，當每個月收入進來時，不是先支付房租、水電瓦斯、網路、手機、遊樂費等，就是拿來繳各種貸款如汽車或保險。每個月付款的項目很多，但完全沒有錢能進入資產、現金流的地方。

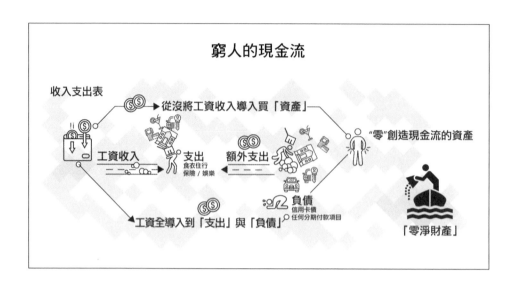

中產階級和有錢窮人的現金流

中產階級由於賺的錢比較多，但比較大的問題在於大量建立長期的負債，例如換房子、換好車，導致貸款變多。

聽過有錢的窮人嗎？這類別的人，賺錢的目的就是為了花錢，常常用大量的時間去賺取大量的金錢，然後再花掉。開名車、住豪宅，往往只是透過貸款，讓自己每個月的負現金流量提高，卻沒有任何的收入能進入創造正現金流的資產！

也因此，新聞上不時都會聽到某高收入主管或醫生律師破產跑路，這個結果讓你也覺得不可思議吧？

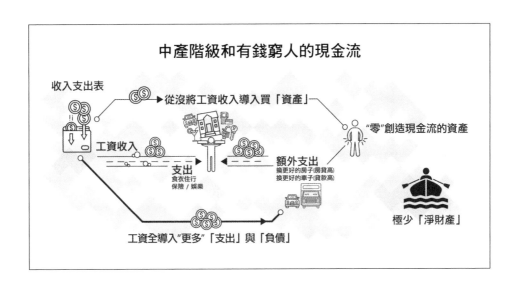

富人的現金流

　　真正懂得創造現金流的億萬富翁，他們長期建立好習慣，把賺進來的錢優先以 30 至 50％，投入能夠創造正現金流的資產。然後透過資產所創造出來的金流收入（被動收入），再導入所謂的支付，如貸款、水電費、生活支出等，甚至還可將這些部分月現金流收入，持續導入買進資產，建立所謂的複利效應，也稱為無限報酬。

　　這有如你花了 1,000 萬元買進自己喜愛的超跑，但隨著時間的增長，它的市價已經遠遠不及當初所投入 1,000 萬的價值。

　　但一樣的資金，你將這 1,000 萬轉投資到年投報率 10％至 15％的產品，每年現金流達到 100 萬至 150 萬，這時你可以選擇透過這些現金流，以長租 LEASING 的契約方式，讓自己同時也能享受到開超跑的快感。

而十年以後，超跑也開到了，但原本手上的 1,000 萬不會折舊變成 500 萬，甚至會因為投資標的增值而有機會變成更多。

　　想成為富人嗎？就從現在起，當收入發生時，立即調整配置順序，投入能夠創造現金流的資產，踏上成為富人的第一步。

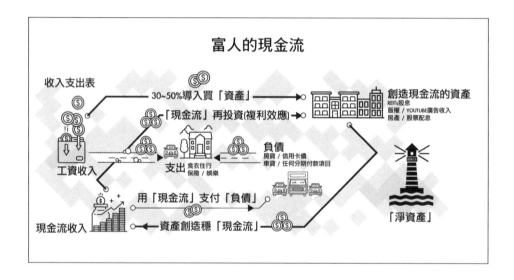

Part 4

獨一無二的你，成功在望

在投資獲利的領域裡，運氣其實更扮演重要的角色。

運氣其實是可以被創造出來的，只是一般人多半不知道……

根據過去的經濟歷史紀錄，每十年其實是一個經濟景氣週期循環，也就是每十年就有一次財富翻轉的機會。而在這關鍵的期間包含從復甦、繁榮、衰退到蕭條，懂得這週期循環的人，可能在 2001 年科技泡沫化後、2008 年金融海嘯後，經濟開始進入復甦期時，便積極買進高現金流的績優股票。

這果真是運氣問題嗎？孰不知是無知所導致。若你從來都不投資這個對於 100% 決定人生未來的「自我」資產，學校畢業後，甚至從未刻意去學習面對金錢、理財，一旦貿然投入，投資失敗，便全數怪罪自己運氣不佳。

需知成功是努力加上運氣而來，然而沒有「運氣」，一切都無。

簡約生活，讓大腦為你自動導航

> - 往財富自由的路上，簡化是必須的，然後再把終點線往前移就行了。
> - 一杯髒的水，再加新乾淨水還是髒的，舊觀念打掉新觀念才容易被執行。
> - 投資也需要先把情緒「排毒」，才有穩定能量創造現金流與財富。
> - 用「三個重點」、「三件事」的思考模式，來簡約生活與工作。
> - 人一次只能專注一件事情，選擇越少，執行力就越高。

長期來回台灣與美國的我，發現這兩年「簡約生活」在美國形成了一股風潮。

簡約生活不只是衣物上的斷捨離，還包括生活。

現在，請認真思考：如果今天你只能做三件事，你會選擇哪三件？

你一定感覺到，人其實很難在高壓下做出任何好的決定，所以千萬別讓大腦與每天的能量，浪費在繁忙的生活瑣事當中。

怎麼做？只要練習簡化生活，讓大腦有足夠的能量，就能每天為自己人生做出更好的決定。

為什麼簡約如此重要？因為我們想要它接受指令更明確，來幫助我們更專注並精準完成事情。

人能透過規律性，讓大腦進入「自動導航」模式輕鬆完成需要執行的任務，因為你幫大腦已經設定好路徑。

把能量用來處理雜事，正事當然就無法運作

這種規律性的好處，從蘋果的賈伯斯到臉書的馬克身上都能看出端倪。

不管在媒體上或私底下，他們總是穿著同樣款式的衣服，一般人看似奇怪，但心理學家旁側分析，這是因為多數成功人士，不想將大腦花費太多的精力在每天如何挑選衣服款式或顏色，讓大腦少了一件雜事，就可以更專注於其他下指令的事。

這也與大自然法則相同。在我們的身體，如果有著太多的毒素，很多時候身體就需要花 80％的能量與養分去制衡內在的失調，這時就只剩下 20％能量可以做事，久了就會發現一整天都還沒過午，整個人就累趴趴了。

相對來說，如果我們做完所謂的身心靈「排毒」、並給身體足夠的養分後，這時身體只需 10％的能量去維持內在運作，然後有 90％的能量做事，自然就可以工作到晚上都還覺得精神奕奕。

身為醫生的我，發現許多健康醫學思維，更能套入在投資理財與現金流觀念裡。

先情緒「排毒」再給養分，全力創造現金流

投資也是一樣，許多人想投資，卻可能連自己目前的財富狀況都不知道。

所以得先透過檢視自己目前對於金錢的現有觀念，然後再來「排毒」，

把消耗能量的事情解決、排開，例如惱人的情緒問題：感情相處不順、跟父母為了瑣事爭吵、與同事相處不好等等。

如同當身體裡毒素太多的時候，能量會一直忙於對抗這些情緒而消耗掉。同樣的邏輯運用在生活，我們太習慣於每天讓雜事把能量消耗掉了，又能如何全力去創造現金流和財富呢？

排毒完就要給養分，本書將教你如何正確並有效率的透過大腦指令創造現金流，好比給你一本「大腦使用說明手冊」，教你 KNOW HOW，一步一步去做，並且做得到，創造並完成出你人生的第一筆現金流，並永續下去。

簡約生活態度，從練習「三」的思維開始

當科技為人們帶來方便的同時，人們無時無刻也陷入資訊爆炸的焦慮感。全球開始有一群人開始推廣並實踐 Live Life Simple 的簡約生活學，這就跟斷捨離一樣的邏輯，簡約身邊的事情，才能無負擔的好好過生活，以及專注於真正想完成的事情上面。

假設每天起床你問自己，今天我只能選擇三件事情完成，那你會在你那冗長的待完成名單上，圈出哪三件事情來做？

學習每天只能選擇三件事情完成，能有效幫助大腦不再陷入雜念和煩事來破壞生活，這是大家都該學會的事。

這有如你拿一本書來看，但卻只是隨意翻著書頁、當下直覺感到內容好無聊，這可能是因為自己當下大腦處於一種「無目標」狀態，於是對於書本的內容，自然無法產生太多的共鳴。

但如果建立了一種好習慣，在每次拿起任何書本，第一個念頭反應就是：這個作者想透過這本書跟我分享哪三件事？當開始翻書之後，大腦就開始透過這樣的一個問句，迅速的抓住這本書的內容重點與價值。

學習讓大腦透過「優先順序」思維，有效減少耗費能量，我們自然能將每天的能量放在真正想專注的事物上面。

以前每天都做好多事，好累，整天也都做不完，現在每天只需要專注完成真正重要的三件事，並讓每一件事情搭配三個行動方案，一整年下來，從工作、理財旅行到休息，你將能輕鬆完成上千件有意義並附有行動方案的事。

設定簡單明確的目標，讓大腦去導航

每天練習只選擇三件事情完成，主要是不要讓大腦不再失焦、瞎忙，而設定目標的重點從不是讓你必須完成它們，而是透過設立目標，能讓大腦知道從現在這原點，要到完成目標的方向更有距離與方向感。

設立目標對大腦有多重要？這有如在游泳池游泳，是清楚知道能往泳池的兩盡頭努力地游，但在汪洋大海中卻不知道往哪個方向游，效率在此不言而喻。

大腦其實每次只能專注一件事情，而選擇越少，執行力就越高。

就好比在你面前只有冰淇淋跟豆花這兩種甜點可選擇，另一個則是在饗宴上有幾十種甜點讓你選，我相信選擇冰淇淋或豆花，絕對比你花時間先觀察再選擇的幾十種甜點，來的速度快許多。

目標設定太多或選擇太多的時候，容易產生矛盾與衝突感。大腦裡想要做 A，但同時也想做 B，例如常常有衝動想要去旅行，或當個背包客，但同時又想要待在家裡多陪陪父母和老婆、小孩，造成兩個目標一個往外一個往內，當大腦陷入當機（矛盾）的狀態，執行力便迅速下降，形成我們常說的「行動癱瘓症」(Action Paralysis)。

簡約生活和心靈，是態度也讓大腦輕鬆工作

有些人喜歡靜坐、吃得簡單，並非是吃不起，而是想讓腸胃修復，情緒自然而然就不會很混亂，這也是簡約生活的一種。

而開始實行斷捨離生活，重要的是認同與信念，態度開始轉變，生活開始改變。

讓自己減少所謂的「新聞資訊」也是一種生活改變。我總是奉勸我的朋友別花太多時間與腦力在新聞資訊上，因為新聞如果夠重大，你不需要看任何的媒體報導，身邊自然有一堆人會積極主動的跑來跟你講。

你一定認為，要學習理財，我總是要多接觸財經相關資訊啊！我個人其實不太贊成花大量的時間在財經新聞、分析師講解股市的這類節目，因為任何的新聞都有其時效性，例如你現在花一個小時看財經新聞，一個月後這些新聞可能對於你並沒有太大的價值；同樣一個小時如果你投資在理財與財商書籍上，能夠創造出來的價值，絕對遠遠高於財經新聞！

$ 讓自己充滿能量，提高完成任務的機率

- 充滿能量的要點因素：透過使命感創造情感動能。
- 能量可以訓練，但得先訓練情緒，才能專注精力執行任務。
- 情緒的惡性循環 容易削弱能量，換角度面對問題讓能量不失。
- 所有金流和資源都是從外面得來，如果一直拒絕，就不會進來。
- 每人時間都一樣，但時間「濃度」卻不同，這象徵著提高賺錢的速度。

從小到大，你一定有聽過熟能生巧 Practice Makes Perfect 這句話，但你知道從能量到每天的情緒，其實都是可以透過「選擇」並「訓練」自己、有更多的時間在輕鬆愉快的狀態裡嗎？

因為情緒主宰一切，如果你每天都走低氣壓的情緒，便很難專注精力去創造現金流。

多數人習慣以喜好與討厭去做事情決定，包括學習財商、如何創造現金流等，但你真正要學習的，是讓自己透過身份的認同使命感，成為你的電力供應源。

如何讓自己充滿能量？具有使命感是重要條件。使命感能使你生活和理財各方面一直處於不斷電的狀態，順利達成想要完成的任務。

想要充滿能量，首先使命感要強

如果你發現身旁的人，一直做著某件事都不會累，這代表他對這個事物比喜歡還喜歡、比愛還愛，其實說穿了，就是他覺得有使命感。

為什麼有人會收留上百隻流浪狗毛小孩，並每天還幫牠們清理糞便毫無怨尤？雖然每天還是會喊累，但有使命感並愛心的他們會告訴你，這一切都是值得的！因為使命感，疲憊從不成為停止的原因，更不用他人提醒或推動。

有人問過我，為什麼我可以花大量時間在投資教育培訓，同時又當醫生看診？每天都不會煩，不會累嗎？

雖然偶而情緒上還是會喊累，想好好「退休」每天放空就好，但如同許多世界上優秀的成功家，我開始了解與學習人生。

大的價值來自於傳承，也只有透過傳承，我們才能看到彼此的價值與美好，更透過互動來鍛鍊出更卓越的自己。

帶著這樣的使命感思維，轉化成一種每天吸引自己完成事情的正能量，而非一種覺得苦悶、總要努力推逼自己才能完成的負能量。

有人給你錢的時候，請以說「謝謝」代替「不好意思」

使命感這件事情，我們又如何把它套用在現金流上面？

我覺得每一個人這輩子讓自己過的更豐盛與快樂，是人生大的功課、也是個人的義務和使命，而學習創造現金流，就是為了讓自己的未來在時間上

有更多的選擇與運用，透過完成自己的人生夢想而達成。

千萬別陷入一般社會或媒體告訴我們都是政府政策沒照顧到我、自己又不是富二代，父母更沒留資產給我，這種靠別人自己才能過得更好的迷思裡。

我們從小就被教育要學習謙卑和客氣，長大後已經習慣把「不」、「不用不用」、「沒關係」隨口掛在嘴邊，雖然聽起來是種有禮貌的客氣，但這樣子的一個小小習慣，卻是讓自己一輩子長期處在拒絕資源進入自己財富藍圖大的盲點。

其實在這個大自然裡，我們在消耗資源的當下，也需要懂得同時創造資源，透過給予資源與接納資源，慢慢形成一種流並帶動更強大的能量。所有金流和資源都是從外面得來的，如果你一開始就先拒絕，那麼貧乏的你，自然也無法為自己創造豐盛跟給予。

所以此後當有人要給你東西（不管有形或無形的），先學習說謝謝並欣然接受，讓自己處於一種豐盛狀態，再加以回饋，就是這一連串的動作，為你建立了人脈與錢脈，也造成了能量源源不絕的「流」，建立好自己財富自由的好體質。

改變習慣順序，通常比改變習慣內容更重要

在了解「能量」才能建立好的人脈與錢脈後，我們如何才能每天永續維持高能量並且完成任務？

這又回歸到生理和心理的層面。

例如習慣每天熬夜到半夜兩點，長期下來早上起床一定容易感到疲累，到了公司事情一定無法專心並做不好，常見的結果當然就是引來上司或老闆的飆罵，讓自己的情緒陷入「沒有糟，只有更糟」的狀態。下班也只能飛奔去找朋友吃飯喝酒加上抱怨，朋友也繼續抱怨他自己的事，兩人負能量集體大爆發，喝到午夜 12 點回家，又是半夜兩點才睡覺的悲哀人生戲碼。

　　其實這些煩人的問題，你只要做一點「習慣改變」就能大大創造不一樣的結果。

　　以減重為例，現代人久坐不運動又愛吃高熱量美食，加上年紀增長，造成代謝率緩慢後的肥胖，大家總是常問：有什麼減重的方法可以真的瘦下來？但減重除了你吃什麼、不要吃什麼，更重要的是改變飲食習慣，也就是食物進食順序與時間，讓與過往吃的食物量一樣，卻能更有效率的達到減重效果。

　　舉例：每餐食物只要先吃蛋白質（肉），再來吃青菜，後再吃澱粉（白飯或麵食），再搭配 二十四小時之中，十六個小時不進食，其中六個小時吃兩餐，讓身體有機會與一段時間不用消化食物，以及胰島素不用整天爬上爬下，並搭配攝取充分的水分。

　　你相信嗎，一樣的食物量，光是改變習慣的順序，就能達成不一樣的結果，也就是有效減重。

提高時間「濃度」單位，不再瞎忙白忙

　　一樣的思維與邏輯，回歸到投資理財與創造現金流。

　　許多人習慣每個月的工資收入進帳後，先拿來支付所有支出與玩樂後，

才發現自己好像沒什麼錢可以投入高配息股的現金流資產，後再告訴自己「賺的都不夠花了，哪來的錢可以理或投資」，後也就這麼繼續當稱職的「月光族」。

但如果同樣的薪資，如果你能先扣除 30% 當作「資產稅」繳掉並拿來月月存高配息股，妙的是你剩下的 70% 薪資，依然有辦法能讓你過的好好的！而這本書的後面也將教你如何利用這 70% 的薪資，能輕鬆過你現在看電影、上餐廳餐的原有生活，而非存錢投資就必須苦悶節省的日子。

其次，賺錢的速度和時間有關。每個月薪水 5 萬元，但詳細計算下來，時薪可能跟便利商店打工的時薪差沒多少，這便是白忙瞎忙了。

我們跟比爾蓋茲、巴菲特一樣一天都擁有二十四小時，在每個人的時間都一樣的情況下，卻因為時間上的「濃度」，而展現出不同的賺錢「速度」能力。

過去我們總是這樣想：錢賺不夠就再去兼一份差啊！在年輕的時候，這個方法是可行的，因為你賺取的不止是薪水，更是經驗的累積。

可是很多人在同一份工作上已經有幾十年的經驗了，卻從沒想過讓自己在職場上更上一層樓，讓花同樣的時間的你，能提高同等單位的價值，反而回到大學生打工思維，認為花更多的時間「打工」才比較實在。

但知識與技能的落差，也就是財富的落差，大多數的人忽略，販賣時間這件事終有個終點，如果不懂得增加自己時間上的濃度與賺錢的速度，並開始建立穩定的現金流來取代你販賣時間這件事，最終面臨的只是「吃存糧」的方式退休過活。

把自己當成一個企業和品牌來經營

- 學習成功企業的架構與路徑，研究提升自身的價值。
- 自我定位分清楚，就能在做決定時，快速判斷與輕鬆面對。
- 企業文化：對內的標準要求與自我反省；品牌：對外建立的形象。
- 好的品牌形象能創造並建立好的人脈與錢脈，為自己建立多重現金流。
- 當每天做的事都符合自己標準，自然就不會覺得生活辛苦和無奈。

市面上這麼多理財課程和相關投資賺錢書籍，為什麼大部分的人，還是無法讓自己的現金流、財富資產更進一步的成長或翻倍？

這是因為多數人常卡在自己或別人給予的「身份定位」所造成的。

舉例：如果我們讓一位廚師來演戲、而讓演員來煮飯，這就算聽起來也感覺怪怪的，但是若是廚師來煮飯、演員來演戲，我們便會直覺反應這是理所當然。

因此用什麼樣的身份來學習投資格外重要。

把自己人生「企業化」，並用經營的角度去思考

喜歡登山的登山家，你不用鼓勵他去登山，喜歡音樂的音樂家，你不用

鼓勵他玩音樂。你呢？可以學習如何成為金流族，熱愛學習為人生創造價值，創造金流，為自己的未來寫下一段很不一樣的人生劇本。

我常常鼓勵自己的投資培訓學員，要學習用一個企業家的身份與思維濾鏡，來看待自己每天的生活，就像是把人生看待成一間「人生無限公司」，要懂得去經營，而非每天隨機過活，更要專注於過程。

如同在親密關係領域裡，許多人一輩子都在找真愛，卻忽略真愛其實是兩個人一輩子用心經營與彼此照顧成長的最終結果。也如同在財富的領域裡，金錢只不過是創造價值過程的計分板，太專注於計分板上的數字，反而會忘記了過程的重要性，最終便是賺不到錢。

想要加速財富自由夢想目標，你首先要做的第一步就是提高自己在職場上的能力。

因為工作是我們這輩子財富主要的來源之一，這代表第一個要被投資的，當然是自己，投資自己來提高職場技能，投資自己的思考邏輯與處理事情能力，更要同時提高你的財商，讓賺進來的工資收入不單單只有付帳單的功能而已，更要能幫你轉化成能月月生現金流的資產。

建立好習慣在做任何事情決定前問自己：

我現在花時間去做這件事，對於我的未來是加分還是減分？在時間和資源上，又需要付出什麼樣的努力？ 把自己看成一個企業和品牌，並且學習成功企業的架構與路徑，研究提升自身的價值，自然能為自己同時建立人脈與錢脈。

用問問句的方式，翻轉自己的夢想執行力

我們常說人生要去做自己熱衷的事情、要勇敢追逐夢想！對我而言，這種的想法並不完整。

例如熱愛做義工，但自己卻窮的要父母或朋友經濟救濟，這未免太不切實際。

反過來說，如果有一個正當性的高薪工作，一個月能支付你 20 萬的薪水，這份工作也許不是你的最愛，但相信你會多少學習調適自己去接任它。

例如喜歡旅行的你，也許辭去現在的工作，讓自己有一年的時間到歐洲各國家城市走走，這一直是你多年來想完成的夢想。但同樣一件事當你問「我要省吃儉用多少年，才能完成這夢想？」跟「我如何能免費完成這夢想，並賺取更多的金錢？」你的大腦會因為你的問句不同，而給你完全不同的答案與解答！

改變問問句的方式，有如使用蘋果的人工智慧 SIRI 或 AMAZON 的 ALEXA，大腦會根據你的問句與方式而替你找出答案。

當問「要省吃儉用多少年完成夢想？」時，就算數學不好的你，也都只會專注在「省代替賺取」來完成這夢想。相反地，當你改變問句為「如何免費並同時賺取更多金錢完成夢想？」時，大腦專注的不再是加減數學，而是開啟自己尋找資源，如怎麼成為一位賺錢的 YouTuber，多少點擊率能創造出多少營收？哪種剪接技巧比較多人按讚？

重點從來都不是夢想本身 而是你如何用問問句的方式，翻轉自己的夢

企業化自我品牌形象，瞬間提升自我的價值

你身邊一定有這種朋友：常常答應要完成事情，卻都沒做好或做得很糟糕，讓你一個頭兩個大；相對你也有另一種朋友是你覺得可以信任的人，而且只要他答應的事，絕對都能完成並做的更好。

你會發現，這兩種朋友大的不同點，只不過是個人「標準」不同罷了。每個人所設立的要完成的事，不一定都能百分百達成，但只要是根據自己的「標準」來評估與衡量，多數都一定會達成。

但當你把自己看成一個企業和品牌來經營時，一個好的企業文化，是往往對於內部有一定的標準要求與自我反省，而品牌則是對外建立與長期累積的形象。

好的形象能為我們開創許多機會，與更多成功的人合作、學習，甚至賺取更多的財富金錢。所以請不要把自己當「平常人」來看待，而是學習如何建立好自己個人品牌來提高自我價值。

$ 成功有定義，運氣是可以自創

- 成功是努力加上運氣，所以不要忽略運氣的重要性。
- 簡單的事重覆做就會是專家 重覆的事用心做就會是贏家。
- 運氣可以創造，但首先要先投資自己，努力向上，才能相輔相成。
- 墨守成規的人，由於不行動，所以碰不到運氣，成功率也會降低。
- 運氣的「氣」代表能量，提高自我能量與推廣自我品牌，就能氣勢旺。

努力的人不一定會成功，那是因為成功除了努力之外 更需要運氣的搭配。而運氣是可以自己創造的，但，如何提高運氣呢？

我可以很科學化的告訴你方法！首先，運氣的「氣」代表能量，所以要提高自我的能量，推廣自「我」品牌。

成功是努力加上運氣，而運氣又能自創

以面試而言，假設有兩個人同樣參加面試，一個講話有氣無力，一個給人的感覺就是陽光並帶有精神能量，你覺得這時哪一個的被錄取的「運氣」會比較好？

其實運氣是可以創造出來的，很多人不瞭解，只會覺得為什麼這個人這麼好運？這個也有機會那個也有機會？現在你知道原因了吧。

在投資獲利的領域裡，運氣其實更扮演重要的角色。

這裡講的運氣其實跟經濟週期有極大的關係。根據過去的經濟歷史紀錄，每十年其實是一個經濟景氣週期循環，也就是每十年就有一次財富翻轉的機會。 而在這關鍵的期間包含從復甦、繁榮、衰退到蕭條，懂得這週期循環的人，可能在 2001 年科技泡沫化後、2009 年金融海嘯後，經濟開始進入復甦期時，便積極買進高現金流的績優股票。

相對不懂得經濟週期循環的人，可能在將近十年多頭市場階段、台股上萬點時，依然滿手股票，之後全數套牢。套牢這件事已經不是「會不會」的問題，而是「什麼時候」的問題。

這果真是運氣問題嗎？其實這是無知導致。你從來都不投資這個對於 100% 決定人生未來的「自我」資產，學校畢業後，甚至根本沒有刻意學習，面對金錢，理財，投資市場更是如此，於是投資失敗，就怪罪自己運氣不佳。

成功是努力加上運氣，沒有「運氣」，一切都無。

多數成功的人都知道，選擇比努力重要，選擇懂得時機（經濟週期）搭配你應有的努力，每天學習推廣「自我」這個品牌並積極建立人脈、持續擴大能力圈，並且在圈內重複地執行、操練，在人生各領域的成功機率必定大為提升。

樂天個性的人運氣會好、成功率高

成功這東西，有時候是個性使然，個性樂天或情緒多變的人，反而適時的會被成功之手拉一把。

簡單來說，人可以分為兩大類別：一種是務實派，另一種是樂天派。根據研究，務實派所做的判斷精準度，會比樂天派的人高上三至五倍，但可是也因為務實派的人已經做過評估了、而且準確度高，覺得事情就是這樣子，或做了這事成功率不高，自然也不會付出做更多努力，在心理學領域，這種人又稱為「固定性思維」模式。

相對地，奇蹟往往較多都是發生在樂天派身上，樂天派人的想法時常不斷的思考，事情如何可以更好，哪怕是成功的機率只有 1%！也就因為有這種成長性思維，在別人看似不可能發生的那 1% 奇蹟，卻往往都發生在樂天派人的身上。

例如：小朋友數學考 10 分，父母的反應有兩種：

1. 天啊！我家小孩沒救了！數學考試可以考到 10 分，補習也沒救了！（代表人物：務實派）

2. 下次考試，就算再怎麼掉也只剩 10 分可以掉，只要找出問題 隨便也能考超過 10 分！（代表人物：樂天派）

同樣考 10 分，就看怎麼翻轉你的想法，這是很重要的。

單一專注，會比什麼都想摻一腳容易成功。對於無法一次顧到很多目標，或者是經常想研究東研究西，但最後卻因為種種原因放棄的人來說，投資之神巴菲特的二分法則，是個很不錯的方式。

二分法則的內容有兩個步驟：

首先，請寫下未來人生重要的五件事情。

第二個步驟是，當寫下這五件事情之後，再圈出五件之中重要的一個。

巴菲特認為，你接下來的人生，好好以這件事為優先順序並 100% 執行，其他四個可以不用太在意或花太多時間在上面。

再說一次，單純專一化很重要。

保持單一專注，累積的「速度」也很重要

太多人喜歡在投資的時候，基金買、台股也買、外匯和區塊鍊也要，當你什麼都想要投資與參與，後為你帶來的投資效應是不大的。因為當你的資金有限但又打散的時候，它就無法為你帶來夠多的專注與執行力。

但是還是有方法可以解決的。

就像是本書中提及的三個金流的大重點，再加上努力和所謂的運氣，成功還是指日可為。

成功是來自於一天天的累積，財富也是，不過你不需要花幾十年的時間才能達到財富自由，一般人大約持續十年就做得到！

很多人聽到十年，第一個反應就是，這也太久了！完全沒有動力去做，但你有沒有認真想過，不管你做或不做，其實這十年都會到來。

但如果你懂得把單一創造現金流的投資執行力做好，加上抓住這可預測的經濟週期循環「運氣」，就可以加快自己賺錢與財富翻倍的「速度」。

重覆執行以確是加快累積財富「速度」重點之一，這些觀念的實踐，從

偉大的運動家身上可以看到。

　　美國「飛魚」菲爾普斯（Michael Phelps）於里約奧運創下 5 金 1 銀的佳績，個人奧運生涯累計拿下二十三面奧運金牌，打破高懸 2168 年傳奇跑將里奧奈德斯（Leonidas of Rhodes）的紀錄，以完美表現自己二十四年的游泳生涯。

　　當記者問「飛魚」菲爾普斯自己成就的秘訣在哪裡的時候，菲爾普單單只說了一句話：

　　「保持專注。再說一次，保持專注！」

　　你發現了嗎？單一專注並重覆執行，再搭配一點運氣，就是加快累積財富速度的秘訣！

　　那麼接下來，我們就要正式進入本書的另一個大重點，教你如何利用 REITs 不動產投資信託，透過簡單並執行力高與專注重覆做，創造現金流來達到你未來人生財富自由目的。

Part 5

財富翻倍！REITs，就是你了！

簡單地說，成功就是努力加上＋運氣。這句話也充分解釋了一個努力的人若缺乏運氣就無法成功；但成功的人除了努力之外，多半更加懂得利用運氣來加快成功的速度。

若把這樣的觀念套用在創造財富與現金流投資上，我可以大膽推論出一句重點：運氣也是可以自己創造的！而其中一個最重要的關鍵，便是懂得抓住「經濟週期」。

至於 REITs，就是我要介紹給大家的致勝武器！

$ 一生最少有四次財富翻倍機運！你已錯失幾次？

- 在台股衝高萬點時滿手股票，是對還是錯？
- 成功的人，除了努力之外，還是必須搭配著運氣。
- 創造財富運氣最重要的關鍵，是懂得抓住「經濟週期」的寬度與深度。

你一定有聽過這句話：努力的人不一定會成功，但是成功的人一定努力過！

大家都渴望在人生的各領域，能夠達到成功並且財富自由，也因為如此，市面上正能量思考與成功學的書，幾乎已經達到氾濫的地步。

這麼多人在努力追求著成功，但整體而言，能夠達到所謂「成功」的機率還是少數。

為什麼沒多厲害的人也能輕鬆成功

根據各種資訊告訴我們，一個人的個人特質、才華與技能，甚至認為擁有大量資源，才是成功的關鍵。

不過你是否發現，有些人好像也沒麼頂尖或多有技能與才華，但卻能輕鬆達到自己想要的或財富翻倍？

是的，這就是前面所提到的「運氣」。

成功人的身上，往往多少帶點運氣，這是個很重要卻常被被忽略的元素。

成功簡單來講，就是努力加上 + 運氣。這也解釋了一個努力的人，若是缺乏運氣就無法成功；但是成功的人，除了努力之外，更懂得利用運氣來加快自己成功的速度。

把這樣的觀念，套用在創造財富與現金流投資上的話，就可以推論出一句重點：

運氣也是可以自己創造的！而其中一個最重要的關鍵，便是懂得抓住「經濟週期」。

懂得經濟週期觀念就能財富翻倍

記得離我們最近的一次金融海嘯吧？

如果你懂得在 2007 年就清掉手上所有投資，甚至在 2009 年就開始積極買進房產或績優有價證　，在對的時間點做資產分配，這時你的投資技巧與知識不用比別人厲害，就能穩穩讓財富翻倍，甚至打敗任何基金經理人！

2008 年金融海嘯過後，在新的經濟週期進入接下來數年的復甦與繁榮下，只要你懂得「週期」的觀念，並付出行動買進任何房產或股票，基本上都能達到財富翻倍的成果。

根據過去歷史數據 美國 SP500 指數從 1926 年到 2018 年，至少經歷了最少十五次的經濟衰退與蕭條，以及八次的「空頭熊市」週期，但每次熊市過後，都是新的多頭牛市上漲週期。

過去平均「多頭牛市」壽命長達 9.1 年，並平均上漲幅度為 480%；「空頭熊市」的壽命則為 1.4 年並平均下跌幅度為 41%。

在 2008 年美國次級房貸造成的全球金融海嘯時，我還在美國加州擔任醫療中心任職醫師，有些資金或財富比較雄厚的企業老闆來看診時（他們同時也知道我有在做私募基金管理），都會不約而同的問我：

「謝醫師，這次市場跌得滿慘的，是不是差不多可以進場買些高配息的股票啊？」

你會發現，這群財富一直翻倍甚至在企業上很成功的人，隨時都敏感地關注經濟與市場週期。

新一波週期來臨，該如何判斷與投資

2008 年雖然市場與經濟氛圍極度悲觀，然而在世界各指數市場下跌幅度最少 50% 與延續期間長達一年後，只要那時候的你，懂得平均市場熊市

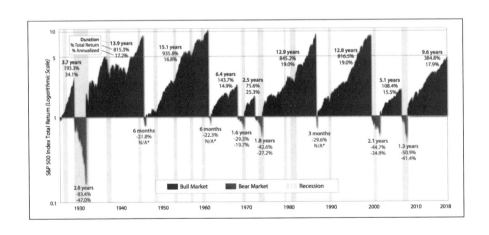

的週期幅度與長度，就會開始分批去買進，並持有現金流與配息績優股票，如此就能透過時間輕鬆翻倍獲利！

相對在十年後，在牛市將近尾聲的 2019 年做投資，這次該如何掌握？不管是短線或長期投資、對於選股或任何的投資，只要搭配著經濟週期，都能有效的做資金分配調整。

在這跟大家分享一個重要的觀念，我們一定要拋棄所謂的「買在最低點，賣在最高點」思維！而要用所謂的「相對低點」vs「相對高點」觀念來做為投資資金分配比例參考。

以大家比較熟悉的台股加權股價指數來解釋。

2008 年 11 月加權指數最低來到 4000 點區域，許多被套牢的投資人，因受到市場極度悲觀氛圍影響，依然持續觀望，並不敢進場投資任何績優股票，甚至當時的一些分析師還大喊下看三千點！

假設當下的加權指數未來真的下探到三千點，在四千點積極進場投資績優股票或指數型 ETF（如台灣 50），最多也只是再跌掉一千點，但未來卻有四千至五千點的上漲空間，這就是所謂的「相對低點」觀念。

相反 2018 年，台股最高來到一萬一千點，已經屬於過去歷史「相對高點」，能再上漲的空間實在有限。但許多散戶投資人卻還是滿手股票，並忽略了居高思危與上漲經濟週期循環已經靠近尾聲！等市場真的進入到下一次的熊市並拉回 20％至 30％ 後，才回頭懊悔地說：「我當初怎麼會在台股萬點時還滿手股票？」。

$ 經濟四季週期，長期投資穩定獲利的重要拼圖

· 在進場前，就清楚未來該在什麼價位做出場。

· 經濟週期的四季趨勢大不同，每季狀態需瞭解。

· 中短期投資的季節性規律，是非常重要的關鍵參考數據。

問一個基本邏輯問題。

如果投資結果＝市場變化＋投資決定，市場變化（週期）你不懂，每次的投資決定（進出場）也毫無規則，既然如此，你怎麼會天真地認為你能長期穩定獲利（投資結果）？

許多散戶投資人，常常盲目的聽從電視名嘴、或你信任的親朋好友買股票，卻忘記股票獲利的關鍵，從來不單單只是進場而已。

如何在「進場前」，就已經清楚自己未來該在什麼價位做出場是非常重要的！

清楚瞭解經濟週期的四季趨勢

有太多的投資人，總是看到當下帳戶的獲利或虧損，這時才在思考該不該出場這件事。

別忘了，人總是在面對高壓時（虧損）做出最糟糕的決定！

在進場前，請建立出場計畫（EXITING PLAN）的好習慣，就能避開陷入不必要的「情緒投資決定」。

以下是經濟週期四季趨勢的簡單分析：

一、週期春季（經濟復甦期）：股市進入止跌回穩狀態

工業／原物料／房產類股最利多

二、週期夏季（經濟擴張期）：經濟數據止跌回穩狀態

科技／選擇性消費相關類股最利多

三、週期秋季（經濟豐收期）：經濟數據爆發性成長＋升息週期

金融／能源相關類股最利多

四、週期冬季（經濟衰退期）：股市下跌＋經濟數據收縮＋減息週期

公共事業／必須性消費／醫療類股最利多

注意中短期投資的「季節性規律」

對於中短期投資的「季節性規律」（Seasonality Pattern），其實是非常重要的關鍵參考數據。

以黃金跟白銀舉例。過去三十年，黃金價格通常 8 至 12 月偏強勢，白銀價格為 1 至 4 月偏強勢。

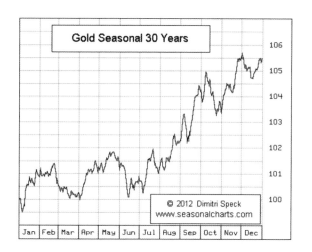

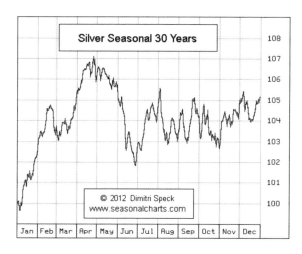

過去二十五年的 10 中期債　6 ～ 12 月相對強勢，而 30 年長期債　也是類似的規律。

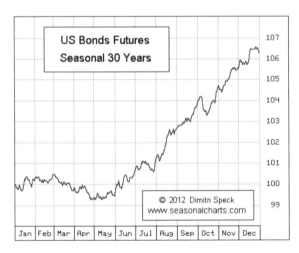

美元呢？是否也有所謂的規律性？

根據過去的數據顯示，美元在總統上任第一年最強勢，第三和第四年最弱勢；而紐約輕原油 10 月至隔年 2 月為淡季，3 至 9 月為旺季。

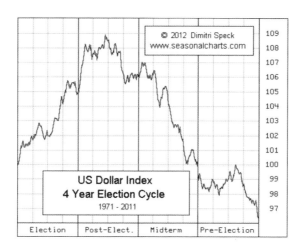

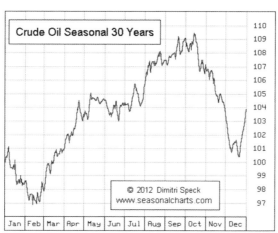

是的，連柳橙汁跟豬五花的價格，都有所謂的淡季跟旺季的「規律」（期貨交易價格）。

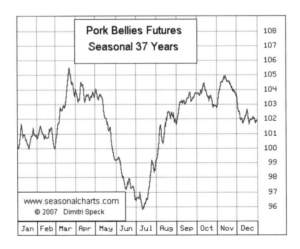

你一定要學會的「時間獲利」現金流遊戲

> ・短線交易：什麼時候買，比買什麼重要。
> ・長期投資：買什麼，比什麼時候買重要。
> ・透過「時間＋階段資金」來達到零風險。

如果你問我：投資市場裡有沒有所謂的「零風險」投資？我會回答：是有的。但當你聽到這個答案，心裡一定會這麼想：

「零風險？投資哪有什麼是零風險？別開玩笑了！」

「聽起來就是詐騙集團或龐氏騙局！」

你懂得投資市場的遊戲規則嗎？

我說過投資市場有如一場遊戲，但在你參與任何遊戲前，必須先 100% 搞懂「遊戲規則」，才能贏得最後的勝利。

例如籃球的遊戲規則是：手能碰、腳不能碰；但足球的遊戲規則則是：腳能碰、但手不能碰。

一般投資人在踏入投資的領域時，大腦的設定總是鎖定在「我要賺大錢」！然後就好像一個完全不懂遊戲規則的菜鳥，進到遊戲戰場上，開始任人欺負與宰割……

很多人擔心在投資上面失敗，不過我覺得真的不用太擔心，因為失敗是給真正努力學習但結果不如預期的人，關於那些完全不懂遊戲規則的人，則是直接被淘汰，連失敗都沾不上邊！

敵動我不動？「價差套利」遊戲怎麼玩？

一般的投資市場都是屬於「價差套利」的遊戲，如果你只懂得買股票，那麼你所能獲利的機率，其實是低於 50% 的。

因為股價上漲你賺錢、股價不動你不賺、股價下跌你虧錢，所以只有 33% 機率能賺到錢。

所以，大家都應該學習所謂的「先買再賣」的「放空」股票，來提高自己賺錢的機率對嗎？

這也不一定。 當你不懂得把股價趨勢型態，或所謂的漲跌有一套明確的判斷，當股價下跌你亂買股票、股價上漲你亂放空股票，最後還是面臨巨大的虧損。

長短線投資策略：何時往上買或往下買

好的投資策略，也就是清楚的進出場規則非常重要。

但是好的策略必須搭配「適合的標的」，這才是投資賺錢最基本的原則。

例如若你是所謂的短線交易策略，你就必須搭配「買高賣更高」的動能強勢股（往上買）；若你想以區間盤整策略為主，便要以「買低賣高」策略

來操作如大型企業股票（往下買）。

而最後一種策略，就是透過「時間＋階段資金」買進穩定配息股票或 REITs 分紅，來達到「零風險」（一直買）。

短線交易：什麼時候買，比買什麼重要。

長期投資：買什麼，比什麼時候買重要。

時間獲利是零風險投資，翻倍人人都想

為什麼說「時間獲利」策略是一種零風險投資？

假設你買進 ABC 股票，而每年能穩定配 7% 股息現金流給你，以「72 法則」來計算，你在第一個十年後，就能把本金拿回來，剩下的都是淨利在做投資。

至於什麼是 72 法則？ 就是我們把 72 當成分子，投報率當作分母，所得到的結果就是「翻倍」需要的年數。

我們剛以 7% 股息現金流來當作投報率，72 ／ 7 所得到的答案，就是 10.28 年投資便能「翻倍」。

你一定覺得，我人生哪這麼多個十年來做這件事？

但這都還不包括價差獲利，與接下來要教大家的「越花越有錢」的投資法！

$ 什麼叫「越花越有錢」投資法？

- 預算做任何事（包括投資），跟大腦判別事情的「優先順序」有關。
- 透過提問找到答案和方法，財務規劃往開源節流方向前進。
- 少買零售價格的東西，找出優惠和折扣利多，建立好的花錢習慣。

月光族這個名詞，在近幾年成為年輕小資男女的代名詞。

月光族指著每個月賺的錢都用光或花光，而且不進行任何儲蓄或投資。

就像前面我們曾經舉過例的喝杯咖啡，只想給自己一個「小確幸」，但你知道這些「小確幸」在台灣一年總共賣掉將近二十九億杯，並幫商家創造上百億的營業額嗎？

拒為月光族！下對指令教會大腦優先順序

另外，你應該很少看到每天喊著沒錢的小資男女，真的因為缺錢而跑去睡橋下或吃的太糟糕。

薪水拿來支付食物、穿著、房租、玩樂，聽起來都很合理。但一說起「投資」，大家就會喜歡喊著一樣的口號：「沒有錢，哪來的投資理財啊？」

妙的是你會發現，再怎麼沒錢，大家還是能想盡辦法「擠出錢」，花在

一些月支出上面。

在這裡我們並非討論什麼該花、什麼不該花，但你會發現，「預算」做任何事（包括投資），只是跟你大腦判別事情的「優先順序」有關罷了。

買東西，我們要繳消費稅，因為稅直接加在商品價格上 所以你買了無感。相同的方法，如果現在我要你做一件事，在領薪水當天，直接把 30% 薪資當作「資產稅」繳到投資帳戶裡，然後其他剩的 70% 隨你要怎麼花錢都可以，你覺得如何？

你的第一個反應是不是：

「等等！這樣我每個月的錢根本完全不夠用！我怎麼可能做的到？？」

在這我想大家先來挑戰這件事：

如果你的月薪是 5 萬元，每個月先扣除 30% 當「資產稅」繳掉 ，這樣手上就會只剩下 35,000 元，這 35,000 元隨你怎麼花都行，這些花費包括了你的固定支出與非固定支出。

這樣進行兩三個月，你覺得可以適應這樣的消費生活嗎？

利用問句來做財務規劃的思考邏輯

單身的喊錢不夠花，結了婚的喊生活過不下去 但是，是真的「過不下去」？還是因為優先順序改變了？還是因為你不習慣，或沒認真想辦法透過改變「消費習慣」而達標呢？

所有的財務規劃思考邏輯，一定都是往節流與開源發展，我們來透過問句的方式思考：

Q：一個月賺 35,000 元不夠，我如何在自己目前工作或事業上，在一年以後能增加 30% 的收入？

QBQ：我現在可以做哪三件事來往這個目標發展？

A. 分析目前工作職位，如何的表現能提高加薪或年終。

B. 如果目前的職位，提高加薪與年終空間不大，分析自己能如何進修（如轉換跑道、考證照、學銷售技巧等）來提高自己的價值。

C. 下班後的時間，我可以做什麼來增加自己的收入？例如上網研究如何成為 YouTuber、讀十本關於財商相關的書等等。

Q：我如何能減少 30% 的開支，但是依然維持一樣的生活品質？

QBQ：我現在可以做哪三件事來往這個目標發展？

A. 喜歡喝星巴克？先加入星巴克會員累積星點數，此外，每個月都有買一送一活動，也可跟同事朋友一起合買或代買（自己的那杯免費）。

B. 喜歡看電影？申辦具有電影票優惠的信用卡，或者在家看線上付費的院線片，以及免費又高畫質的電影。

C. 喜歡到處品嚐美食？透過團購／買　／累積點數的習慣，讓自己享受一樣

的玩樂品質，卻支付低於零售價的價格。

不要習慣零售價格，要找到好康和折扣才消費

以上講的都不是什麼新觀念，但卻常常被忽略或知道卻懶得做，因為覺得又沒省多少錢，並且怕麻煩。

但其實這都只是花錢習慣的養成，各大企業也都知道這件事的重要，所以都專門研究消費者的花錢習慣，藉此讓你用他們所訂製出來的價格消費。

所以絕對不要「習慣」去接受任何吃喝玩樂的零售價格，因為這都是企業喊出來的數字！甚至企業商家跟各大會員平台（如 LINE）合作所釋出折扣與利多方案，都是倒是我們需要去建立好習慣利用的。

企業成本和零售價格之間有很大的空間，如何讓自己消費低於零售的 10 至 30% 的數字，自然就能將自己的月收入 30% 當作「資產稅」第一優先順序「繳掉」，但幾乎不影響自己目前的生活品質。

$ 開源比節流重要！開始每個月痛快地「加薪」

- 改變消費「優先順序」，做替自己未來「加分」的事。
- 節流能最快得到有感的成果，但對個人財富空間與效應其實非常有限。
- 開始實行個人財富「資產稅」，放入高投報率並穩定的績優資產獲利。

對於改善自己的財富體質與狀況，節流當然是最快看到成果的。但是節流不代表生活品質下降，或過得很貧窮潦倒。

不可否認的是，雖然節流能最快得到有感的成果，但對於個人財富空間與效應其實非常有限。

以長時間來說，透過穩定現金流開源，才是真正改變財富體質的關鍵！

替自己的未來財富做加分的動作

如果你認同以上的見解，也開始實行個人的財富「資產稅」，並將這些資產稅放入高投報率並穩定的績優資產（例如美國 REITs 不動產投資信託）的話，現在就幫你計算一下將會獲利多少：

我們剛開始以 30 萬元為第一桶金，並且計畫每個月將會持續繳 15,000 元的「資產稅」。現在將這些錢投入一年能創造 7% 現金流的績優資產，十年以後你將創造出約 317 萬元的資產。

好，重點來了！重點不在於這317萬元，而是你因為改變了自己消費「優先順序」而做了替自己未來「加分」的事。

你做或不做，其實十年都是會到，不是嗎？

而你所看到的，也不應該只是317萬元這個數字，而是在十年後，你一年能創造出將近22萬的現金流。

等同於每個月幫自己加薪1.8萬元。

10年後，你將創造出多少資產？

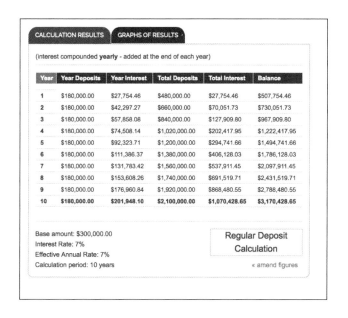

CALCULATION RESULTS   GRAPHS OF RESULTS

(interest compounded **yearly** - added at the end of each year)

Year	Year Deposits	Year Interest	Total Deposits	Total Interest	Balance
1	$180,000.00	$27,754.46	$480,000.00	$27,754.46	$507,754.46
2	$180,000.00	$42,297.27	$660,000.00	$70,051.73	$730,051.73
3	$180,000.00	$57,858.08	$840,000.00	$127,909.80	$967,909.80
4	$180,000.00	$74,508.14	$1,020,000.00	$202,417.95	$1,222,417.95
5	$180,000.00	$92,323.71	$1,200,000.00	$294,741.66	$1,494,741.66
6	$180,000.00	$111,386.37	$1,380,000.00	$406,128.03	$1,786,128.03
7	$180,000.00	$131,783.42	$1,560,000.00	$537,911.45	$2,097,911.45
8	$180,000.00	$153,608.26	$1,740,000.00	$691,519.71	$2,431,519.71
9	$180,000.00	$176,960.84	$1,920,000.00	$868,480.55	$2,788,480.55
10	**$180,000.00**	**$201,948.10**	**$2,100,000.00**	**$1,070,428.65**	**$3,170,428.65**

Base amount: $300,000.00
Interest Rate: 7%
Effective Annual Rate: 7%
Calculation period: 10 years

Regular Deposit
Calculation

« amend figures

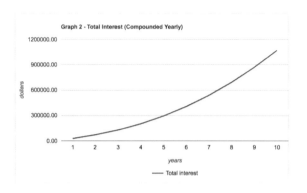

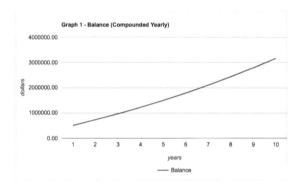

　　假設我們延續執行繳「資產稅」這件事，也從十年延到十五年後來看，你又將創造出多少資產呢？

　　答案是約 552 萬的資產。以年 7% 績優資產來算，等同於一年創造 38 萬現金流，等於每個月幫自己加薪 3.2 萬元。

十五年後，你將創造出多少資產？

CALCULATION RESULTS　**GRAPHS OF RESULTS**

(interest compounded **yearly** - added at the end of each year)

Year	Year Deposits	Year Interest	Total Deposits	Total Interest	Balance
1	$180,000.00	$27,754.46	$480,000.00	$27,754.46	$507,754.46
2	$180,000.00	$42,297.27	$660,000.00	$70,051.73	$730,051.73
3	$180,000.00	$57,858.08	$840,000.00	$127,909.80	$967,909.80
4	$180,000.00	$74,508.14	$1,020,000.00	$202,417.95	$1,222,417.95
5	$180,000.00	$92,323.71	$1,200,000.00	$294,741.66	$1,494,741.66
6	$180,000.00	$111,386.37	$1,380,000.00	$406,128.03	$1,786,128.03
7	$180,000.00	$131,783.42	$1,560,000.00	$537,911.45	$2,097,911.45
8	$180,000.00	$153,608.26	$1,740,000.00	$691,519.71	$2,431,519.71
9	$180,000.00	$176,960.84	$1,920,000.00	$868,480.55	$2,788,480.55
10	$180,000.00	$201,948.10	$2,100,000.00	$1,070,428.65	$3,170,428.65
11	$180,000.00	$228,684.46	$2,280,000.00	$1,299,113.11	$3,579,113.11
12	$180,000.00	$257,292.37	$2,460,000.00	$1,556,405.48	$4,016,405.48
13	$180,000.00	$287,902.84	$2,640,000.00	$1,844,308.32	$4,484,308.32
14	$180,000.00	$320,656.04	$2,820,000.00	$2,164,964.36	$4,984,964.36
15	**$180,000.00**	**$355,701.96**	**$3,000,000.00**	**$2,520,666.33**	**$5,520,666.33**

Base amount: $300,000.00
Interest Rate: 7%
Effective Annual Rate: 7%
Calculation period: 15 years

Regular Deposit Calculation

« amend figures

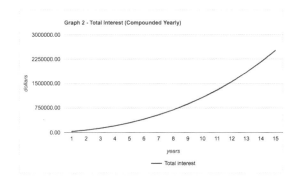

Graph 2 - Total Interest (Compounded Yearly)

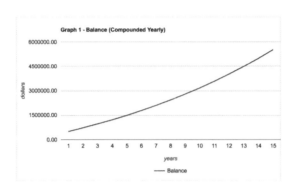

那到底什麼是複利效應？

同樣都是十年，第二個十年能創造出什麼樣的結果呢？

第一個十年，我們創造出 317 萬元，但是當完成第二個十年，卻能創造出高達 881 萬元，也就是 2.77 倍的效應。

881 萬元的 7% 現金流約是 61 萬元，等同於每個月替自己加薪 5.1 萬元。

二十年後，你將創造出多少資產？

CALCULATION RESULTS	GRAPHS OF RESULTS

(interest compounded **yearly** - added at the end of each year)

Year	Year Deposits	Year Interest	Total Deposits	Total Interest	Balance
1	$180,000.00	$27,754.46	$480,000.00	$27,754.46	$507,754.46
2	$180,000.00	$42,297.27	$660,000.00	$70,051.73	$730,051.73
3	$180,000.00	$57,858.08	$840,000.00	$127,909.80	$967,909.80
4	$180,000.00	$74,508.14	$1,020,000.00	$202,417.95	$1,222,417.95
5	$180,000.00	$92,323.71	$1,200,000.00	$294,741.66	$1,494,741.66
6	$180,000.00	$111,386.37	$1,380,000.00	$406,128.03	$1,786,128.03
7	$180,000.00	$131,783.42	$1,560,000.00	$537,911.45	$2,097,911.45
8	$180,000.00	$153,608.26	$1,740,000.00	$691,519.71	$2,431,519.71
9	$180,000.00	$176,960.84	$1,920,000.00	$868,480.55	$2,788,480.55
10	$180,000.00	$201,948.10	$2,100,000.00	$1,070,428.65	$3,170,428.65
11	$180,000.00	$228,684.46	$2,280,000.00	$1,299,113.11	$3,579,113.11
12	$180,000.00	$257,292.37	$2,460,000.00	$1,556,405.48	$4,016,405.48
13	$180,000.00	$287,902.84	$2,640,000.00	$1,844,308.32	$4,484,308.32
14	$180,000.00	$320,656.04	$2,820,000.00	$2,164,964.36	$4,984,964.36
15	$180,000.00	$355,701.96	$3,000,000.00	$2,520,666.33	$5,520,666.33
16	$180,000.00	$393,201.10	$3,180,000.00	$2,913,867.43	$6,093,867.43
17	$180,000.00	$433,325.18	$3,360,000.00	$3,347,192.60	$6,707,192.60
18	$180,000.00	$476,257.94	$3,540,000.00	$3,823,450.54	$7,363,450.54
19	$180,000.00	$522,196.00	$3,720,000.00	$4,345,646.54	$8,065,646.54
20	**$180,000.00**	**$571,349.71**	**$3,900,000.00**	**$4,916,996.25**	**$8,816,996.25**

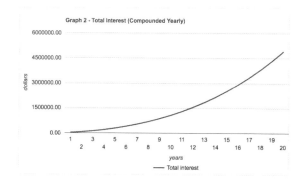

Graph 2 - Total Interest (Compounded Yearly)

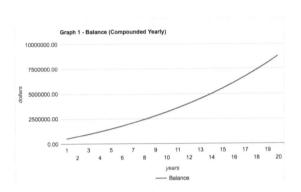

你會發現時間獲利的爆發點，大約在第六年開始出現，時間越久，創造現金流的「速度」越快。

30 萬為第一桶金＋每個月 15,000 元「資產稅」＋ 7% 投報率＋二十年時間
以上這些「條件」都是任何的小資男女都可以達到的！如果覺得自己達不到，請直接用問句詢問自己，該怎麼做才能達到？

你也可以透過以上的現金流思維創造時間獲利並「越花越有錢」。

每一個人的第一桶金、每個月的「資產稅」、投報率和時間效應都不同，想知道自己「越花越有錢」的條件調整結果嗎？

　　你可以到 www.thecalculatorsite.com 輸入自己要的數據看結果：

第一桶金（BASE AMOUNT）例如 30 萬元

年報酬率（ANNUAL INTEREST RATE）例如 7%

日期設定（CALCULATION PERIOD）例如十年

資金再投入（REGULAR MONTHLY）例如 1.5 萬元

複利選項（COMPOUND INTERVAL）可選擇從日複利（DAILY）到年複利（YEARLY）

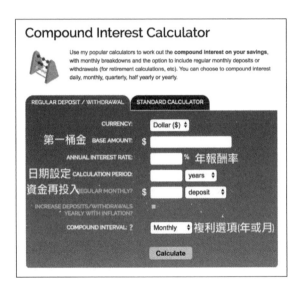

Compound Interest Calculator

Use my popular calculators to work out the **compound interest on your savings**, with monthly breakdowns and the option to include regular monthly deposits or withdrawals (for retirement calculations, etc). You can choose to compound interest daily, monthly, quarterly, half yearly or yearly.

REGULAR DEPOSIT / WITHDRAWAL   STANDARD CALCULATOR

CURRENCY: Dollar ($) ⬍

第一桶金   BASE AMOUNT: $ [ ]

ANNUAL INTEREST RATE: [ ] % 年報酬率

日期設定 CALCULATION PERIOD: [ ] years ⬍

資金再投入 REGULAR MONTHLY? $ [ ] deposit ⬍

INCREASE DEPOSITS/WITHDRAWALS YEARLY WITH INFLATION?   ▢

COMPOUND INTERVAL: ?   Monthly ⬍ 複利選項(年或月)

Calculate

Part 6

投資 REITs 有問題？看這裡……

REITs 的正確名稱為 Real Estate Investment Trust，中文又稱為「不動產投資信託」。美國為全球第一個創造 REITs 的國家，至今已將近 60 年歷史，也是目前投資房地產最優質的方式之一。簡單來說，REITs 就是將不動產證券化的概念。

商業模式簡單，估值方法清楚、股息率高，透過「收租」來創造穩定現金流的最佳方式。只不過這個買房的人變成了一個基金，讓小資族也能跟身價上億的人擁有同等的投資機會來致富！

$ REITs 讓小資男女也能搶當美國包租公

- REITs 的商業模式簡單,透過「收租」創造穩定現金流的最佳方式。
- REITs 超低投資門檻,就能參與更穩定的不動產標的並輕鬆賺取現金流。
- 多數 REITs 發放的股息,不需支付企業所得稅,高於其他傳統企業股息。

在投資領域裡,到底有沒有期限短且穩妥、可靠的收益投資項目呢?

答案是有的。

那就是美國 REITs 不動產投資信託,一種讓你即使在睡覺都能夠的投資方式。

投資新寵兒!高股息抗通膨的 REITs

過去大家對於投資房地產,第一個想法都是:

「天啊!我哪來的資金投資?光是頭期款都要上百萬起跳!」

更何況還要背負龐大的房款壓力,而且接下來得要過著不吃不喝幾十年、才有辦法把貸款還清的心情與人生!而且如果這中途如果想賣房,還要看房產與經濟景氣好不好,也不是隨時想變現就可以脫手賣掉。

在過去幾年，瑞士、丹麥、歐洲央行與日本央行等國家區域，陸續實施負利率政策，存款已經無獲利可言，甚至還要倒貼！就在此時，全球包括台灣開始刮起一陣高股利優勢的 REITs 不動產相關投資。

到底什麼是 REITs？優點又是什麼？

你是不是只要看到有「不動產」這三個字，就覺得那是有錢人才投資的起的金錢遊戲？

其實 REITs 不動產投資恰恰相反！

REITs 的正確名稱為 Real Estate Investment Trust，中文又稱為「不動產投資信託」。

美國為全球第一個創造 REITs 的國家，至今已將近六十年歷史，也是目前投資房地產最優質的方式之一。

REITs，簡單來說就是將不動產證券化的概念。

證券化（Securitization）是一種企業募集資金的方式，而證券化又可分為兩種，第一種是企業金融證券化，也就是大家比較熟悉的股票發行，企業透過發行公司債或股票等金融行為來增資進行事業擴展。

另一種則叫做資產證券化，這種證券化又以不動產證券化最為熱門，透過集資的方式，以不動產為投資標的，並以發行證券方式，將房地產如購物中心、社區公寓、大型醫療大樓，以發行收益憑證的方式，再分割規劃成股票，讓一般投資大眾，有機會能以低門檻直接參與投資房地產。

基本上你可以想像為「房產集資團購」概念，再讓專業的不動產投資顧問團隊管理，幫投資人做好的標的收購，並賺取租金收益，再將租金收益都分配給投資人。

REITs 的商業模式簡單，估值方法清楚、股息率高，這樣的商業模式就是透過「收租」，創造穩定現金流的最佳方式。只不過這個買房的人變成了一個基金，讓小資男女也能跟身價上億的人有同等投資機會致富！

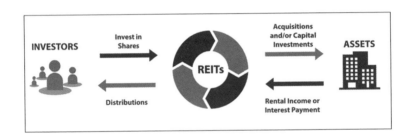

大不同！直接投資不動產 vs 投資 REITs 不動產投資信託

直接投資不動產，成本門檻高、期限長，不能快速變現，一般人最多也以投資小套房或住宅為主。出租出去想當包租公，還要面臨各種地稅、保險、半夜修馬桶、找房客及空屋率造成的低投報率。

相反 REITs 因為證券化並多以購物中心、社區公寓、大型醫療大樓、飯店為主，又有專業的投資顧問團隊管理，讓任何人都有機會以超低投資門檻，參與更穩定的不動產標的並輕鬆賺取現金流。

它是一種讓你睡覺都能賺錢的投資方式！這讓過去只有大資金與極富有

才能投資的商業房產，變成現在一般的小資投資人也能直接參與！

根據美國法令，任何投資企業團隊要經營美國 REITs，有四分之三的資金必須投資房地產相關標的或相關，而且四分之三的獲利也必須從收租或相關房產商品（如不動產抵押債權證　MBS）而來。

最後任何美國 REITs 的 90% 的收益，都必須以股利形式分配給股東投資人，REITs 並可因此不需要支付企業所得稅，這也是為什麼大多數的 REITs 發放的股息，是高於其他傳統企業股息的原因。

$ 為什麼要選擇美國 REITs 不動產信託？

- REITs 股息收益相對穩定，也比一般配息來得高。
- 是有效對放通膨的投資工具，因租金會隨著高通漲而同時增加。
- 在美國的投資者會利用 REITs 的優勢，來做為固定現金流的收入來源。

　　全球目前已有超過三十六個國家成立了 REITs 相關法規，而美國和澳大利亞是全球 REITS 發展規模最大的國家。

　　美國在 1960 年通過了 THE REAL ESTATE INVESTMENT TRUST ACT OF 1960「不動產信託投資法」法案後，從 1975 年的 9 億美元市值到 2017 年成長到 1.13 兆美元，而美國 REITs 指數績效，更是打敗 SP500 指數超過四倍之多！

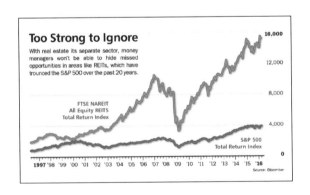

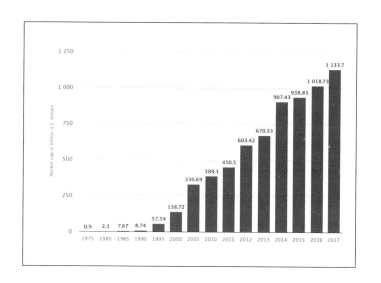

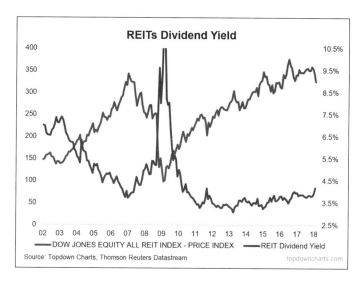

REITs Dividend Yield

—— DOW JONES EQUITY ALL REIT INDEX - PRICE INDEX ——REIT Dividend Yield

Source: Topdown Charts, Thomson Reuters Datastream

topdowncharts.com

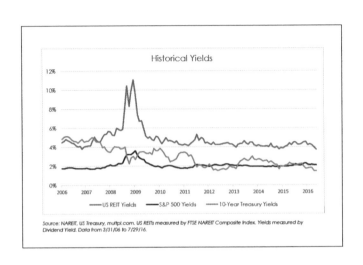

Source: NAREIT, US Treasury, multpl.com. US REITs measured by FTSE NAREIT Composite Index. Yields measured by Dividend Yield. Data from 3/31/06 to 7/29/16.

　　由於 REITs 主要收入為不動產租金，跟一般企業盈利配息相比，REITs 股息收益相對穩定，也比一般配息來得高。

　　而 REITs 這種資產類別投資，也可以算是另一種有效對抗通膨的投資工具，因為租金會隨著高通漲而同時增加。

　　在美國許多重視現金流的投資人，也會利用 REITs 的優勢，來做為自己生活中固定現金流的收入來源。

　　REITs 是屬於波動相對較大的資產類別，REITs 雖然可以帶給投資人超高的現金流報酬，但它的波動幅度與一般股票市場幾乎相同，因此找出好的買點與資金分配規劃，也是非常重要。

　　在本書中，我也會提供大家一些可以選擇的操作手法跟建議。

REITs 的類型，可分三種

A. 權益型 REITs（EQUITY REITs）：直接參與不動產投資與經營，主要收入來自於租金收入與買賣不動產的價差利潤。

B. 抵押型 REITs（MORTGAGE REITs）：並不直接投資房地產，而是以金融仲介者的角色，直接放款給缺乏資金的房地產開發商或經營者，來賺取利息收入、投資不動產貸款，或不動產抵押債權證券 MBS。

主要收入來自於利息收入與融資借款的手續費 ；市場上抵押型 REITS 的數量較少，大約 10%。

C. 混合型 REITs（HYBRID REITs）：綜合權益型＋抵押型 REITs，基金經理人會依照不動產市場景氣與利率變動，隨時調整兩者的投資比例。

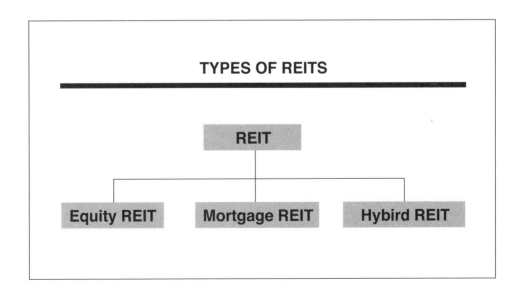

美股權益型 REITs，九大產業出租類別

LODGING ／ RESORTS 住宿出租房產：從酒店、度假中心到汽車旅館相關房地產。

HEALTH CARE 醫療保健房產出租：專門投資醫療辦公大樓、醫院或長照養老中心。

INDUSTIRIAL 工業相關房產出租：主要以物流中心跟大型倉庫或停車場。

RESIDENTIAL 一般社區房產出租：公寓出租、學生宿舍到所謂的套房都有。

OFFICE 辦公大樓房產出租：以精華或市中心外圍蛋白區的辦公大樓為主。

DIVERSIFIED 多元化房產出租：基本上混搭其他產業從醫療到商務中心都有，以「產業組合」為主。

RETAIL 零售業房產出租：包括大小型購物中心或市區與社區零售店面。

MORTGAGE 抵押與融資：以金融仲介角色，透過放款賺取利息收入或借款手續費。

MISCELLANEOUS 其他特殊出租：從森林地、數據中心、監獄到自助儲倉都有。

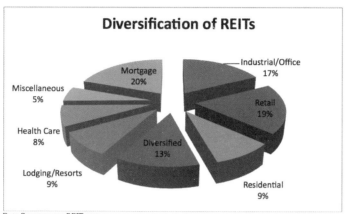

Diversification of REITs

Industrial/Office 17%
Retail 19%
Residential 9%
Diversified 13%
Lodging/Resorts 9%
Health Care 8%
Miscellaneous 5%
Mortgage 20%

Data Source: www.REIT.com

$ 問題一：
投資 REITs 需要注意哪些風險？

　　任何投資工具或策略有獲利相對也搭配著風險，只是比例不同而已，當然 REITs 也不例外。

　　讓自己建立好的投資思維習慣，除了看到 REITs 未來長期獲利潛能，也同時要留意 REITs 在短期或長期上該留意的風險。

注意！不動產市場的景氣循環

　　從利率、房地產供需狀況到人口年代變化（如嬰兒潮退休即將來臨）與就業數據都是影響元素。

　　簡單來說，如果美國失業率低，這意味著大小企業與經濟都處於復甦與繁榮狀態；辦公大樓或商場的承租率容易達到 100%，REITs 的租金收益也跟著通膨做適當提升。相對如景氣進入衰退或經濟蕭條時，REITs 的承租率與租金收益下降機率將提升，進而影響 REITs 每年度可分配的收益。

注意！美國央行對於銀行存放款的利率

　　美國 FED 聯準會與各國財政部門，都會透過升息和降息做為主要利率政策工具，也就是中央銀行對於銀行存放款的利率。

　　根據過去的數據，雖然利率走勢與 REITs 表現不一定呈現相關，REITs

的高股利率也輕易打敗消費物價通膨。

但當經濟進入升息週期時,利率上升也代表各大企業,包括有高借貸REITs 的利息成本也增加並降低槓桿報酬,對於抵押型 REITs 的風險更是提高,升息週期容易增加借款人無法償還借款本金與利息的信用風險。

注意!不是每檔 REITs 的評等都是 A++

根據統計,2018 年已經有超過 200 檔 REITs 在美投資市場上市,但每個 REITs 經營團隊的管理,以及投資標的策略與理念都不同,由於投資人是透過受益憑證(也就是股票有價證券)的方式參與不動產投資,因此沒有不動產經營的權利。

由於是為了穩定現金流並長期投資並持有 REITs,在投入任何 REITs 前都應該好好仔細做評估。

問題二：
如何確認美國 **REITs** 目前股價的高低？

　　一般在挑選一個績優體質的企業股票，都會先去檢視這幾個項目：

這家企業每年的淨獲利（收入 - 支出）

EPS 每股盈餘（收入 - 支出／股數 = 企業一張股票賺到多少錢）

或 PER 本益比（股價／ EPS= 要花多久才會回本）

　　但是對於 REITs 的評估，傳統的這些淨獲利／ EPS 或 PER 本益比，是比較沒有辦法精準算出這家 REITs 到底賺了多少錢。

　　評估 REITs，目前市場最常用的計算法叫做 Funds From Operations,。FFO 中文又叫做「不動產營運現金流量」指標。有些 REITs 的報表也會提供 Adjusted Fund from Operation，也就是會計帳面「調整過後」的 FFO 數據。

　　FFO 基本上就是避開一般企業的會計算法，把每年的折舊或攤銷列入 Expenses（支出）裡再加回來，再減資產賣出獲利數字。

　　為什麼折舊數字要再加回來？因為房產基本上是一種增值的資產！而非有折舊率的虧損，因此 FFO 更能算出 REITs 的經營性利潤。

　　所以：

FFO ＝ Net Income（淨利潤）＋ Depreciation&Amortization（折舊率與攤銷）-
Gain from Property Sales（資產賣出獲利）

　　一般投資人要評估一個 REIT 時，最簡單的數學公式就是股價（P）／
FFO 或股價（P）／ AFFO 數字。

Part 7

謝醫師獨家 REITs 懶人投資法

若把「投報率」放在以小博大的金融商品上，它其實就是一種迷思，因為小額資金的任何槓桿投資（例如買一張權證），用美金 100 元去賺取美金 100 元，這個投報率就是 100%；但跟你標榜這種高投報率的人，卻往往刻意忽略告訴你，這 100 美元也能秒瞬間全部賠掉，也就是投報率虧損 90% 甚至全部。

請記住：資金越大，你追求的就是「穩錢」而非「快錢」。

$ 步驟一：
確認承租多元化或民生相關產業，是否為
REITs 的主要目標？

不管 REITs 股價目前是被高估還是低估，投資 REITs 的獲利方式都是來自於價差與發放的收租現金流。

由於我們希望長年能有穩定的現金流收入，自然要先評估手上持有的 REITs 基金或 REITs ETF 過去發放紅利是否穩定！

所以我們只需要專注三大步驟：

STEP 1：REITs 是否承租多元化或民生相關連鎖企業為主要目標？

STEP 2：REITs 信託基金配息是否穩定？

STEP 3：如何透過股價型態來判斷每次加碼買進的進場點？

淨租款超級合約是什麼？

我們以美國 REALTY INCOME（股票代號 O）這檔績優 REITs 做案例。

目前有超過五千六百以上的房產標的都以長期 TRIPLE NET LEASE（淨租款超級合約）與二百六十個連鎖企業簽租下來。

承租的連鎖企業從 Walgreen（如屈臣氏）、FedEx（國際快遞）、7-Eleven（便利商店）、LA Fitness（健身房）、AMC Theatres（電影院），到 Dollar General（如大創百貨）並分佈在美國四十九州加上波多黎各（Puero Rico）。

等等！什麼是 TRIPLE NET LEASE 淨租款超級合約？

外面一般傳統投資房產企劃，都標榜著買房出租能創造出高現金流，但卻常常在付上頭期款並扛一大筆房貸後，總天真地想，反正月收的租金能支付房貸，卻忽略掉如地點選不好、經濟衰退蕭條沒人租的風險以外，還有房產的產業保險、產業地稅、保養及其他維修費，就吃掉一大部分的房租收益。

請小心：最後的投報率遠遠不及當初計算出來的數字，還長年勞心勞累承租管理。

在美國商業不動產的租款市場，有所謂的「淨租款」合約。

所謂淨租款，是指承租人或企業必須負擔「部分」或「所有」的保險、稅務與維修項目。

淨租款的三種類型

淨租款共有三種類型，包括 SINGLE NET LEASE（N 合約），DOUBLE NET LEASE（NN 合約）及 TRIPLE NET LEASE（NNN 超級合約）。

SINGLE NET LEASE： 簡單來説，就是承租人同意支付租金並分攤承租期間的產業稅，也叫做「封閉式承租」（CLOSE END LEASE）。

DOUBLE NET LEASE：承租人除了支付租金與產業稅外，也要支付產業保險及責任險。

TRIPLE NET LEASE：超級合約基本上承租人必須支付租金、產業稅、產業保險與保養及其他維修費。

這種合約能確保收進來的租金，不會因為這些沈默成本而吃掉該發放的租金現金流。而美國 REALTY INCOME 這檔績優 REITs，都是以 NNN 超級合約為主在做承租。

Top 20 Tenant Diversification

The largest tenants based on percentage of total portfolio annualized rental revenue at September 30, 2018 include the following:

Tenant	Number of Leases	% of Revenue
Walgreens*	219	6.4 %
7-Eleven*	376	5.3 %
FedEx*	42	4.8 %
Dollar General*	574	3.9 %
LA Fitness	54	3.7 %
Dollar Tree / Family Dollar*	468	3.4 %
AMC Theatres	32	3.3 %
Walmart / Sam's Club*	51	2.8 %
Circle K (Couche-Tard)*	298	2.3 %
BJ's Wholesale Clubs	15	2.1 %
Treasury Wine Estates	17	2.0 %
CVS Pharmacy*	84	1.9 %
Life Time Fitness	11	1.9 %
Regal Cinemas	24	1.8 %
GPM Investments / Fas Mart	210	1.7 %
Super America (Andeavor)*	132	1.7 %
TBC Corporation (Sumitomo)*	159	1.4 %
Kroger*	17	1.4 %
Rite Aid	51	1.2 %
Home Depot*	15	1.2 %

Investment Grade Tenants

劃重點！多元化與民生相關連鎖企業承租

嚴格說來，「多元化與民生相關連鎖企業承租」這個 REITs 商業模式到底有多重要？

在經歷了 2000 年初的網路泡沫化、與 2008 年全球金融海嘯市場熊市與經濟衰退蕭條，美國 REALTY INCOME 多元化承租的出租率，從 1992 到 2018 年卻從沒有低於 96% 以下！

這更證明了面對未來新週期的市場熊市與經濟衰退蕭條，在紅利配息將不受所謂「經濟不好」或「高空屋率」影響。

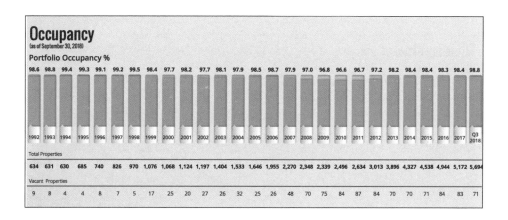

對於任何現金流投資新手，能找到長期現金流，「穩定」是很重要的考量之一。與其考量東考量西，你更需要就是「做了」才會開始有「感覺」。

一旦有感覺，就能強大自己的行動與「我真的也可以做到」的信念，進而進入「行動創造結果」的好循環，也不再卡在「想做」但永遠沒有行動的殘念。

步驟二：
REITs 信託基金配息是否穩定？

REALTY INCOME 從 1994 年股票在 NYSE 上市到現在，總共有九十九次的股息紅利增加，並有八十五季穩定利息提升，而且在過去四十九年之間，已經發放超過 57 億美元（5.7 Billion）的收租紅利股息

從這些可以看出 REALTY INCOME 的管理團隊，積極經營紅利發放，並以穩定並增加為主軸。

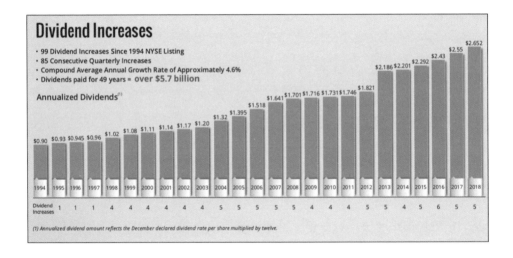

對於喜愛投資 ETF 大於單一 REITs 的你，在這特別推薦 VANGUARD REAL ESTATE ETF（代號 VNQ）。

VANGUARD REAL ESTATE ETF 主要追蹤 MSCI US INVESTABLE MARKET REAL ESTATE 25 ／ 50 INDEX 指數，基本上是一個以大中小型 REITs 基金為主的指數，而 VNQ 以平均 0.2% 至 0.5% 的誤差，來追蹤此指數的表現。

VNQ 的 ETF 管理費用為 0.12% 算是非常合理的 ETF 管理成本支出。

Vanguard Real Estate ETF (VNQ)
Also available as an Admiral™ Shares and Investor Shares mutual fund.

| Overview | Price & Performance | Portfolio & Management | Fees | Distributions | News & Reviews |

Product summary

- Invests in stocks issued by real estate investment trusts (REITs), companies that purchase office buildings, hotels, and other real property.
- Goal is to closely track the return of the MSCI US Investable Market Real Estate 25/50 Index.
- Offers high potential for investment income and some growth; share value rises and falls more sharply than that of funds holding bonds.
- Appropriate for helping diversify the risks of stocks and bonds in a portfolio.

View prospectus and reports

ETF facts

Asset class	Stock - Sector-Specific
Category	Real Estate
IOV ticker symbol	VNQ.IV
Expense ratio as of 05/25/2018	0.12% This is **90% lower** than the average expense ratio of funds with similar holdings.*
CUSIP	922908553
ETF advisor	Vanguard Equity Index Group

VNQ 目前是美國規模最大的 REITs ETF，而在 VNQ 投資組合中，比重最大為多元 REITs（SPECIALIZED 31.3%）。其他主要類別為零售 REITs（RETAIL 14.6%）、住家 REITs（RESIDENTIAL 13.7%）、商辦 REITs（OFFICE 10.2%）與醫療 REITs（HEALTH CARE 9.6%）。

Equity sector diversification

	Real Estate ETF as of 11/30/2018	MSCI US IM Real Estate 25/50 Index (Benchmark) as of 11/30/2018
Diversified Real Estate Activites	0.20%	0.20%
Diversified REITs	5.00%	5.10%
Health Care REITs	9.60%	9.70%
Hotel & Resort REITs	5.30%	5.30%
Industrial REITs	6.80%	6.50%
Office REITs	10.20%	10.20%
Real Estate Development	0.40%	0.40%
Real Estate Operating Companies	0.30%	0.30%
Real Estate Services	2.50%	2.50%
Residential REITs	13.70%	13.70%
Retail REITs	14.60%	14.90%
Specialized REITs	31.30%	31.30%

Sector categories are based on the Global Industry Classification Standard system.

如何查詢 REITs 或任何股票的配息利率？

　　你只要到 www.dividend.com 網站，並在 SEARCH 欄位輸入你想查詢的 REITs 或任何股票的代號，就能馬上查詢出該股票的年配息率。

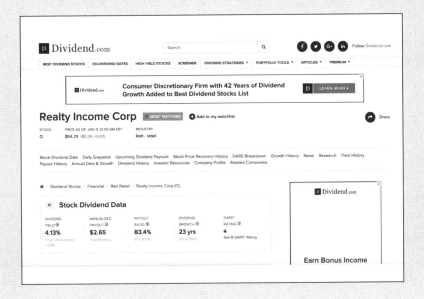

**步驟三：
如何透過股價形態，判斷每次加碼買進的
時間點？**

對於股票的持有「成本」，當然會影響到所謂的「現金流投報率」。

不過許多小資投資人，通常都是以「一次性」資金思維做投資，但這也是最大的問題！

投資之父巴菲特曾說過：「人生就像滾雪球，你只要找到濕的雪和很長的坡道，雪球就會越滾越大。」

這裡所說的「雪球」，代表的就是「投資成果」。而能影響最後雪球大小的，只有三件事：

一、所謂找到夠長的坡道，代表的就是「時間」

複利效應是必須透過時間來發酵的，這代表早點開始進行現金流投資，複利效應將完全展現爆發力！

許多人對於複利效應最大的抱怨或沒耐心，總是覺得「我要十年後才能看到結果？！有沒有那種十個月後就財富自由的投資方法？」

但在任何的大自然法則裡，「快」跟「穩」幾乎是比較少同時存在的。

通常「快」又代表波動大，在面對暴漲暴跌的情緒與進出場點技巧，都是需要特別訓練與克服。這也是為什麼希望你能判別「快錢」與「穩錢」最

大的不同。

而現金流投資是屬於「穩錢」的一種，但透過時間的複利效應，最終的結果，絕對比「快錢」而來的成功機率與最終結果高許多！

我常說別覺得十年很久！因為你做或不做現金流投資這件事，十年都還是會到的，不是嗎？

二、找到夠濕的雪，代表的就是「投資報酬率」

潮濕的雪球，在滾動的過程中能吸附更多的雪，投資報酬率代表隨著時間經過，資產就能越滾越大。

在現金流的世界裡，投資報酬率來自於現金流率 ÷ 成本價，也就是每次新的資金能買進在靠近波段的底部，都能幫助我們提高投資報酬率。

在股價技術分析世界裡，有超過上百種所謂的「指標」，來幫助投資或短線交易的人，透過訊號來找出好的進出場價格

不過，對於沒有研究這些複雜技術分析的你來說，只需要學習一種指標即可，那就是 STOCHASTIC 指標，又稱為 KD 指標。

KD 指標源於 1950 年由 George Lane 所提出，最主要功能是衡量股價動能，以及判斷超買或超賣時間點。

最簡單的方法，就是 KD 指數的數值介於 0 至 100% 之間，當指數來到 80% 以上，便代表股價強勢並進入「超買區」（Overbought），以及可能

股價的價格處於在一個波段的高點。

　　相反而言，當指數來到 20% 以下，代表股價走弱並進入「超賣區」（Oversold），股價的價格處於一個波段的相對低點。

　　對於想進場加碼買進持有績優 REITs 的人 當然是選擇在一個波段的相對低點買進最佳。

　　以下幾張案例圖提供給大家參考。

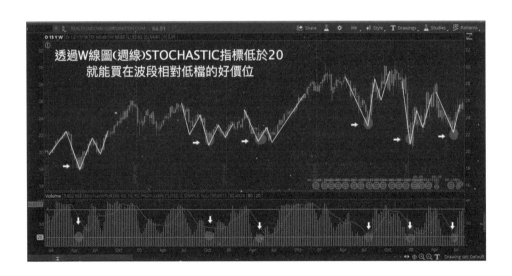

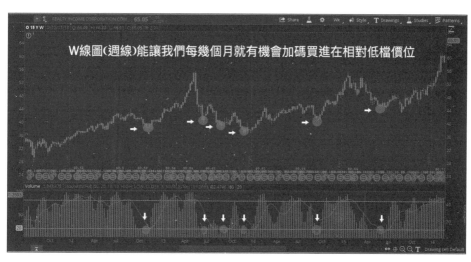

W線圖（週線）能讓我們每幾個月就有機會加碼買進在相對低檔價位

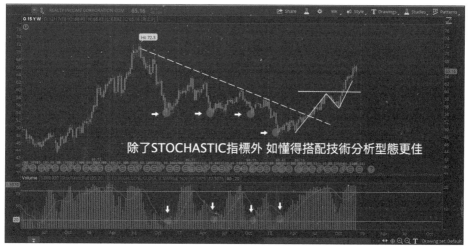

除了STOCHASTIC指標外 如懂得搭配技術分析型態更佳

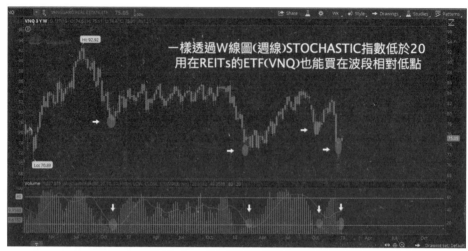

一樣透過W線圖(週線)STOCHASTIC指數低於20
用在REITs的ETF(VNQ)也能買在波段相對低點

三、資金決定雪球的「大小」

小資男女在投資上沒有明顯的成果，往往都是投資的資金太小！這樣的說法確實有它的道理。

當你手上有 1,000 萬元，投入能每年創造穩定 10% 的現金流投資，這代表著你每一年手上有 100 萬的現金流 等同於月現金流 8 萬以上 這足以取代一般的工作收入 。

但當你手上只有 10 萬元的「小雪球」，相同投入每年創造穩定 10% 的現金流，投資金額只有 1 萬元。對於每年只有 1 萬元這個數字，你自然無感，進而會轉向去接觸高波動與風險極大的「快錢」，例如期權或外匯保證金相關金融商品 。

在以小博大的金融商品上「投報率」其實是種迷思，因為資金小的任何

槓桿投資（例如買一張權證），用美金 100 元去賺取美金 100 元，這個投報率就是 100%；但跟你標榜這種高投報率的人，卻往往刻意忽略告訴你，這 100 美元也能秒瞬間全部賠掉，也就是投報率虧損 90% 甚至全部。

資金越大，追求的就是「穩錢」而非「快錢」。

所以千萬不要陷入外面一些五花八門、所謂「穩賺不賠」的快錢與高槓桿商品。

不過這並不代表所有賺的「快錢」，或高槓桿金融商品都不好或很黑暗邪惡。

所有的金融商品都只是「工具」，只是你必須了解工具的性質與優缺點，並且學習如何運用。

又快又穩！穩錢搭配快錢的投資組合

要加快自己財富上達到「又快又穩」的程度，最好的方法就是「穩錢搭配快錢」的投資組合！

例如，在了解經濟週期的重要性後，也預期 2019 至 2020 年，全球經濟將會出現衰退或蕭條與股票市場進入熊市，所以我們可以將每一個月或每一季在 REITs 上所收到的房租現金流（穩錢），拿來買所謂的指數型 ETF（如 SP500 指數 ETF，代號 SPY）的長期 PUT 選擇權契約放著（快錢）。

如果 2019 至 2020 年真的出現市場大幅下跌，SPY 的 PUT 選擇權契約就有機會翻倍獲利（拿穩錢壓快錢翻倍）。

相反，如果經濟與 SP500 指數沒有出現下跌而是上漲，我們手上這張 SPY 長期 PUT 選擇權契約將過期無效（快錢虧損賠掉）。

但你有發現嗎，由於不是拿自己的本金去壓快錢 而是透過現金流（穩錢）去操作高槓桿商品（快錢），快錢能為你翻倍獲利（讓自己的雪球快速變大），若是如真的虧損掉，也只是將「時間獲利」虧損。

未來將有無數個「時間獲利」能當你快錢操作的籌碼。

Part 8

REITs 讓你一箭雙雕，加速「錢」進

任何投資策略肯定都有優缺點，而在釐清策略特性後，並且把它操作到出神入化，就能加快賺取現金流的速度！畢竟穩妥的策略搭配上好的標的物，才能真正創造出穩定的現金流。

在了解長期投資 REITs 的優勢與享有現金流後，假設今天你能透過一個神奇的策略，讓你在「等待」REITs 股價拉回到你真正想買進的價格時，又能同時賺取 2% 至 3% 的現金流，讓自己持有 REITs 股票時賺取收租紅利，手上沒有持有 REITs 股票也依然能穩賺現金流。

這個神奇的策略真的存在。

$ 如何購買美國 REITs「打折又送現金」?

- REITs 證券資產與選擇權工具搭配,可同時坐享時間複利效應績優資產的增值與現金流。
- 選擇權:只需學習一個簡單又高效率創造現金流,以及降低成本價格的選擇權策略即可。
- 為股票買 CALL 契約,可依契約上履約價買進股票的權利;買 PUT 契約當「保險」。

假設你在股價 100 元買進 ABC 股票,一年後,當股票上漲到 150 元,你賣掉股票賺取價差,獲利 50%。但如果一年後股價還是在 100 元,你沒價差可賺,若股價跌低於 100 元你也沒賺(還虧損)。

如果你只懂得買股票、賺所謂的「價差」,你知道其實你賺錢的機率只有 33% 嗎?

這也是為什麼多數的散戶投資人,在短線操作上因為沒有判斷「股價起漲點」,以及獲利出場點的能力,最後還是以套牢或虧損收場。

進階版遊戲—「時間獲利」複利效應玩法

現在我將開始教大家如何跳脫「價差獲利」遊戲,而學習進入所謂的「時間獲利」複利效應遊戲。

由於獲利的「來源」不同也相對穩定,接下來只是如何提高時間獲利的

「速度」而已。在這裡跟大家分享一個我常用的選擇權策略，這也是全球各大基金經理人所愛用的策略。

這個策略能讓我們在每次買進 REITs 證券資產，都能用「打折又送現金」持有！

由於每次持有的成本價格比市價低，再加上送現金的部分，自然能加快我們每一年時間獲利的速度。

當 REITs 證券資產與選擇權工具搭配，就可以讓你自己和包租公一樣，同時坐享時間複利效應績優資產的增值與現金流！

選擇權是什麼？

到底什麼是「選擇權」？現在網路與各種資訊管道，都不難找到選擇權相關學習內容。而選擇權一直都是專業基金經理人愛用的金融工具，光是所謂的策略組合就超過幾十種！

不過在這裡，大家只需要學習一個簡單又高效率創造現金流，以及降低成本價格的選擇權策略即可。

「選擇權」簡單來說，就是一種「契約」。

幾乎每個人都購買或參與過選擇權契約交易，例如保險與預購，都是一種選擇權契約商品。

契約的四個條件

任何「契約」都一定有以下四個必要條件：

一、付錢「買權利」的買方（BUYER）與收錢「有義務」的賣方（SELLER）。

二、契約到期日（不管短期或長期契約 都會有約定到期日）。

三、契約權利金。

四、契約內容。

其實只要把選擇權看為是一種契約，一種買方與賣方的權利交易。或許用「租房子」來解釋所謂的選擇權契約，你會更清楚。

當我們每次要租房子，房客總是要跟房東打租屋「契約」。這個契約內容包括著房客（買方）每個月付錢（買住的權利），以及收錢的房東（賣方）租房（有義務給我住）。租屋契約為一年（到期日），每個月支付 20,000 元租金（契約權利金），租小套房帶有傢俱（契約內容）等等。

選擇權的兩種契約

租屋的契約只有一種，但股票選擇權裡 卻有兩種「契約」：

第一種叫做「CALL 買權」契約（又叫預購契約）。

第二種叫做「PUT 賣權」契約（又叫保險契約）。

股票買權 CALL 契約

可依契約上履約價買進股票的權利。

買方 BUYER 支付權利金後，可以在契約到期日前，用約定好的價格，向賣方 SELLER「購買股票」的權利。

CALL 買權契約又叫做「預購契約」。例如買進持有 ABC 股票，一年後到期的 100 元 CALL 買權的人（又叫買方），從現在到一年以後到期，不管 ABC 股價漲或跌，都有權利在 100 元買進（所以叫做買權）ABC 股票。

所以如果一年後 ABC 股票的股價上漲到 300 元，那麼這張 100 元 CALL 買權契約是非常值錢的！

因為別人必須用市價花 300 元買進 ABC 股票，但是擁有這張 100 元 CALL 買權契約的人，卻因為一年前先「預購」權利買在 100 元價位，於是就可以用 100 元買下現值 300 元的股票。

基金經理人常常會對於一些績優、或覺得未來股價有機會大漲的股票，進行 BUY CALL 契約持有的動作，會這樣操作是希望未來透過股價大漲，而手上持有的這些 CALL 契約能變的很值錢並獲利。

股票賣權 PUT 契約

　　可依契約上履約價賣出股票的權利。

　　買方 BUYER 支付權利金後，可以在契約到期日前，用約定好的價格，向賣方 SELLER「售出股票」的權利。

　　PUT 賣權契約 又叫做「保險契約」。許多基金經理人在面對短期市場的波動時，會透過購買 PUT 賣權契約，來幫自己長期持有的股票投資組合「買保險」。

　　例如當我在 100 元買進一百股 ABC 股票並打算長期持有它時，但又擔心短期短期股價下跌會造成虧損，這時我就可以花點資金（又叫權利金）買一張一年以後到期的 ABC 股票 100 元 PUT 契約（每一張選擇權契約代表 100 股）。

　　當我手上有一百股 ABC 股票加上一張一年以後到期的 ABC 股票 100 元 PUT 契約時，代表從現在到一年以後到期日前，不管 ABC 股票上漲或下跌，我都有一個將 ABC 股票賣出在 100 元的「權利」契約。

　　假設一年後 ABC 股票上漲到 250 元，這便代表我的股票賺了 150 元的價差（因為買進價格為 100 元），而手上的 100 元 PUT 契約這時就「過期無效」（因為當市價能賣在 250 元時，當然不會執行權利賣在 100 元）。

　　相對而言，假設 ABC 股價在一年以後從 100 元下跌到 10 元，對於當

初只是單純買下股票的人，股價就出現 90 元的虧損（又叫套牢）。但是，如果我們手上持有 100 元的 PUT 契約，這時我們就有「權利」以 100 元將 ABC 股票讓出給當初收我們這張 PUT 契約權利金的人（又叫賣方）。

買進 PUT 契約當股票「保險」VS. 設股票停損

很多學習技術分析的人都會問我，股票的股價如果下跌並跌破支撐，其實就直接股票賣掉出場就好，何必還要透過購買 PUT 契約當「保險」來保護股票？

這其實是一個很好的問題。

對於只是想短期套利股票價差的人，當然直接設停損停利是最佳的選擇，但對於想長期持有股票當投資的人，幫手上股票買 PUT 契約當「保險」，除了心裡多了一種安心感以外，另一個好處就是在面臨市場大波動時，不會因為看到短期股價下跌而開始懷疑自己，甚至因為看到帳面上的虧損，而在最低價賣出股票、未來再看股票價格反彈起漲而感到懊悔。

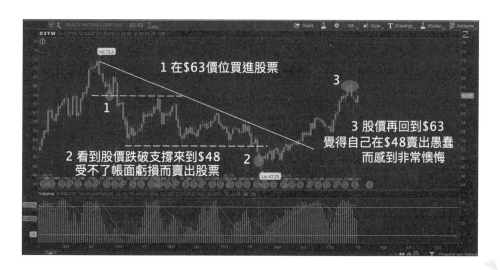

$ 如何透過賣出「賣權」PUT 契約，「打折又送現金」買進美國 REITs ？

- 賣出賣權策略：投資人利用保證金的方式，直接「賣出」賣權 PUT 契約，收取權利金成為現金流。
- 股價在 PUT 契約到期前，一直都沒有跌於預計價位買進，依然輕鬆賺取現金流獲利。
- 懂得搭配 SELL NAKE PUT 策略，以及定期將薪資 30% 當「資產稅」持續買進 REITs 股票，便透過時間創造「複利效應」加快現金流的「速度」。

在了解長期投資 REITs 的優勢與享有現金流後，假設今天你能透過一個神奇的策略，讓你在「等待」REITs 股價拉回到你真正想買進的價格時，又能同時賺取 2% 至 3% 的現金流，讓自己持有 REITs 股票時賺取收租紅利，手上沒有持有 REITs 股票也依然能穩賺現金流。

這個神奇的策略真的存在。

其實就是全球基金經理人常用的 SELL NAKE PUT 策略，又叫做賣出「賣權」契約策略。

何謂賣出「賣權」策略？為何能賺取現金流？

所謂的 SELL NAKE PUT 策略，就是投資人利用保證金的方式，直接「賣出」賣權 PUT 契約，收取權利金成為現金流。

我們來迅速複習一下，什麼是賣權 PUT 契約？

賣權 PUT 契約，就是買方 BUYER 支付權利金後，可以在契約到期日前用約定好的價格，向賣方 SELLER「售出股票」的權利。

PUT 賣權契約，又叫做「保險契約」，不管是 CALL 契約或 PUT 契約，契約一定都有所謂的花錢買契約「權利」的 BUYER 買方，也一定有收錢並對於契約有「義務」的 SELLER 賣方。

我們以美國 REALTY INCOME（股票代號 O）這檔績優 REITs 做案例。

假設 MR.RIGHT 在 60 美元價位買進一百股的 O 股票，但因為他擔心未來一年全球經濟不佳，因此為了他手上的 O 股票，花錢買了一個 55 美元的 PUT 契約當保險，代表股價低於 55 美元時，他願意在 55 美元讓出股票（每股 2 美元，一張契約代表一百股，所以 2 美元 x 100 股 =200 美元）。

持有這張 55 美元 PUT 契約代表未來一年不管 O 股價漲或跌，MR. RIGHT 都有「權利」在 55 美元「出售」他手上的 O 股票。

我知道你一定在想：假設 O 股價跌到 50 美元，那 MR.RIGHT 手上的股票到底要出售給誰？

這個答案很簡單。

選擇權其實是個零和遊戲。

MR. RIGHT 在支付 PUT 契約權利金、買進在 55 美元出售權利的同時，

收取 MR. RIGHT 權利金的 MR. CASHFLOW 就有義務在未來一年，只要 O 股價低於美 55 元，就必須以 55 美元從 MR. RIGHT 手上接取 O 股票。

選擇權契約的買方跟賣方想法大不同

你發現了嗎？選擇權契約的買方跟賣方，其實思維是 100% 不同的！

當 MR. RIGHT 買進 55 美元 PUT 契約時，這代表 MR. RIGHT 手上的 O 股票只要跌低於 55 美元就想出售掉；相反對於 MR. CASHFLOW，當 O 股價在 60 美元價位、而自己評估 55 美元是想買進的價位，這時就可以透過「賣出」PUT 契約（一張 PUT 契約為 100 股，2 美元 x100 股＝ 200 美元）給 MR. RIGHT 賺取現金流。

股價從 60 美元拉回到 55 美元算是打 9 折，再送上我們每股 2 美元的現金，所以 MR. CASHFLOW 真正持有 O 股價的成本為 55 美元－ 2 美元現金流 =53 美元的成本，這是不是比市價的 60 美元來的好呢？

如果 O 股價在 PUT 契約到期前，一直都沒有跌低於 55 美元的價位呢？

這代表這 55 美元的 PUT 契約將過期無效。因為當 O 股的市價高於 55 美元，MR. RIGHT 就沒必要執行 55 美元 PUT 契約，也就是說在 55 美元賣出手上的 O 股票 , 而選擇在高於 55 美元的市價售出。

這時 MR. CASHFLOW 雖然沒有在 55 美元接到 O 股票，但也賺了 2 美元的現金流，讓手上沒有 REITs 的 O 股票，依然有穩定現金流可賺！

在賣出「賣權」卻在到期日沒接到 O 股票怎麼辦？

當然我們可以持續透過 SELL NAKE PUT 策略賺取穩定現金流，直到 O 股票來到低於我們願意買進的價位 .

對於只懂得買 REITs 股票、但可能苦苦等待股價拉回，或甚至因急於買進而買在波段高檔（買貴了），我們卻能因為 SELL NAKE PUT 策略賺取現金流，同時代表持有 O 股票的成本，因 SELL NAKE PUT 收取的權利金，而大大降低持有成本，相對提高年現金流投報率！

我們來看看真實的 O 股票案例吧。

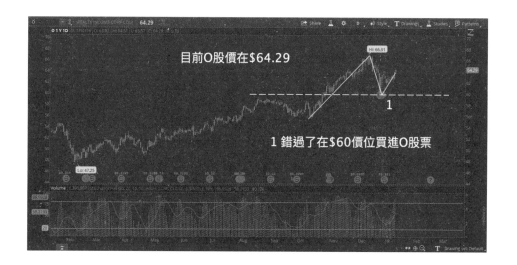

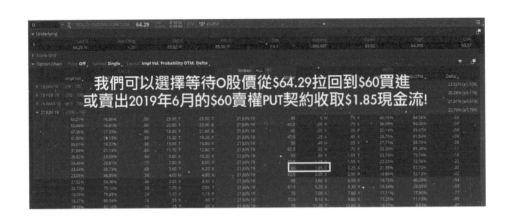

從 64.29 美元到 60 美元，等同於打了 93 折買進股票，並又同時賺取 3% 的現金流。假如真的 O 股價在 2019 年 6 月 PUT 契約到期時，股價低於 60 美元價位，在 SELL NAKE PUT 契約收取 1.85 美元現金流的我們（賣方），將會以 60 美元價位買進 O 股票，再加上收取 1.85 美元現金流，大約就等於買進 O 股票成本價為 58.15 美元。

這是不是比直接買在 64.29 美元，或苦苦等 O 股價來到 60 美元買進、但股價卻一直飆升買不到來的好呢？

如果懂得搭配 SELL NAKE PUT 策略，以及定期將自己薪資的 30% 當「資產稅」持續投入買進 REITs 股票，透過時間創造「複利效應」來加快自己現金流的「速度」，我相信透過現金流來取代自己工作收入的目標，將更快達到！

$ 問題一：
當選擇權「賣方」有沒有什麼風險？

其實當選擇權「賣方」是基金經理人非常普遍用的策略，但好的策略必須搭配適合的標的，才有辦法安心賺取現金流。

在台灣有許多專業操盤手到投資課程教出來的散戶投資人，喜歡在台指期貨操作所謂的期貨選擇權、「賣方」賺取所謂的權利金，並號稱每個月穩穩賺、輕鬆賺。

但在 2018 年 2 月 6 日，卻出現台灣期權史上最離奇並同時血洗買方與賣方的一天。

2018 年 2 月 5 日，美股道瓊指數暴跌一千一百七十五點，創下美股史上單日最大下跌記錄。台股指期貨在隔天開盤大跌將近 300 點，但由於波動率變大，加上台指期貨的選擇權成交量平常就很低，所以當 VIX 指數（又稱為波動率指數）突然往上飆，造成台期貨商恐慌性地將投資人手上的 CALL 契約與 PUT 契約，強迫以最糟糕的權利金報價做平倉！

台灣從 1998 年正式推出台期貨交易以來，每隔二至三年，都會出現這種高槓桿投資人忽略風險。平常所謂的當台指期選擇權「賣方」並穩穩賺，其實是一種假象並隱藏極大的風險。

這裡所提到的**風險分成 三大類**：

一、市場系統與交易制度風險：如成交量不大的台指期權市場，在遇到

大波動就會暴露價格維護機制重大缺失。

二、期貨商機制風險：當期貨商內部負責風險控管部門的人力不足，甚至訓練不夠，再加上作業系統無法即時看到客戶完整資料，就會出現「誤判」客戶的保證金維持比例，並以最糟糕的市價強制平倉，造成投資人不必要的虧損。

三、人性貪婪風險：如果你看到或聽到任何投資的結果是「傾家蕩產」，這都是來自人性的貪婪所造成，而自己也應該付最大的責任！

選擇權賣方是以「收取權利金」為主要獲利模式，但由於台指期的選擇權是以保證金交易並在契約到期日以現金結算，所以許多選擇權賣方投資人，因為貪婪並想賺取更多的權利金獲利，而賣出更多的「契約張數」。

例如賣出一張契約能賺台幣 500 元，卻高槓桿賣出了十張契約，為了要能賺到 500 元 x 10 張＝ 5,000 元，最後因市場波動變大、手上保證金不夠，造成花更多的契約權利金，被迫大虧損平倉。

前面的章節曾提到，好的策略必須搭配好的標的，才能真正創造出穩定的現金流。

不同於指數期貨在契約到期日必須用現金結算賺賠，美股選擇權透過 SELL NAKE PUT 策略賺取現金流後，在契約到期股價低於我們 SELL PUT 的履約價位時，我們無須用現金做賺賠結算，而是直接在 SELL PUT 的履約價位承接買方的 REITs 股票。

簡單來說，我們要確定賣出「賣權」PUT 契約的履約價，是我們願意承接股票的價位！

雖然美股選擇權，在做出賣出「賣權」PUT 契約的動作，也只是需要 20％至 40% 保證金就可以執行，但我都會特別提醒我的投資學員夥伴 ，每賣出一張「賣權」PUT 契約時，要確定自己的資金，是足夠在賣出的履約價承接 100 股再執行。

這樣的好處，能讓我們很輕鬆的去面對短期市場波動，並不用擔心自己不夠資金承接股票，而必須在股價下跌時以現金虧損平倉。

現在透過 VNQ 來舉例。

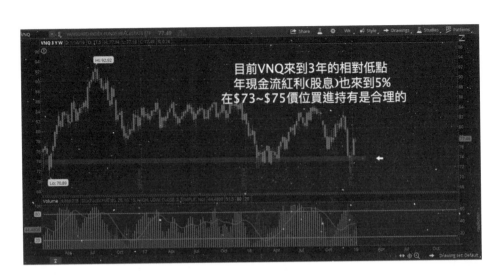

目前VNQ來到3年的相對低點
年現金流紅利(股息)也來到5%
在$73~$75價位買進持有是合理的

如果我們在$74的履約價賣出「賣權」PUT契約
每一張代表100股 同等於我們準備$74x100股=$7400
願意在$74價位承接100股 同時賺取$1.85x100=$185現金流

$ 實戰篇： 賣出「賣權」PUT 契約 vs.「打折又送現金」策略

　　任何的投資策略一定都有它的優缺點，而在清楚策略的特性後，並能把它操作到出神入化，就能加快我們賺取現金流的速度！

賣出「賣權」PUT 契約策略有幾個必要的條件：

一、建議只用在高現金流股票／ ETF 而非波動大並基本面不佳的股票 。

　　很多投資人很喜歡透過「加碼」的方式，來買進自己手上套牢的股票。但問題是，如果這些股票本身不能為你帶來任何「時間獲利」，你只會越套越牢，並賠上自己長年的投資情緒與資金 。

　　相對而言，假如你手上持有的股票一年配息 7%，就算你被「套牢」十

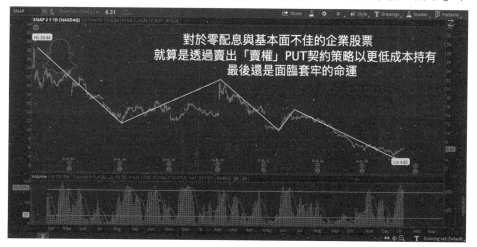

年，至少也拿了 70% 的本金回來，甚至能讓自己最後 100% 的本金拿回，達到零成本持有股票。

你也能透過賣出「賣權」PUT 契約這種好策略，來以更低的價格去持有高配息資產。

二、想積極持有股票，可以選擇最後三十天到期的 PUT 契約，以及靠近市價的「價平」PUT 履約價操作。

選擇權契約，越靠近到期日與靠近市價的「價平」契約，都有比較高的機率被執行讓我們能承接股票。

相對想「多打點折與賺取現金」為主的，可以選擇三至六個月遠期 PUT 契約與遠離市價的「價位」PUT 履約價操作。

AAPL市價為$150

此當月選擇權契約只剩32天

賣出$150PUT「價平」契約收取$5.80現金流

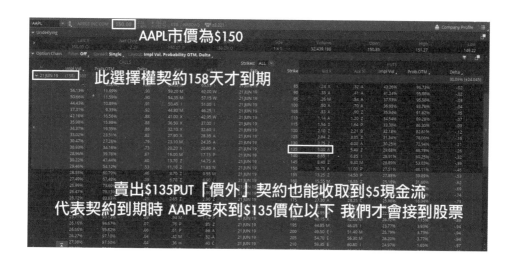

三、對於正在起漲的股價，其實直接買股票，會比操作賣出「賣權」PUT 契約來的有效應！

投資美股與 REITs 股票最棒的地方，就是投資門檻低，你可以透過買零股方式就為自己創造現金流。

而操作賣出「賣權」PUT 契約最低門檻為一張，也代表一百股起跳，對於資金比較大的投資朋友相對比較適合。

賣出「賣權」PUT 契約策略的優點，是能打折送現金持有股票；但缺點是當股價正在起漲時，最多賺的也只是送現金的部分，而錯過股價上漲的獲利價差。

當然有賺現金流，總比乾瞪眼看著股價上漲而沒買進跟到的好。

讓自己的投資策略選擇靈活點，透過股價型態技術分析來判斷。當股價

處於收縮區間盤整時，賣出「賣權」PUT 契約的策略是非常好的；在股價開始突破區間盤整開始起漲，也可以選擇直接買股票參與價差獲利加上配息現金流！

$ 附錄：美國證券商〈CS 嘉信理財〉開戶流程

嘉信的專業知識助您投資美市享更大
回報

市場經驗

活躍美股市場超過40年，位列財富雜誌全球500強企業。

全面支援

簡易交易工具和個人化服務助您投資美國市場更輕鬆。

更高價值

網上股票交易只需$4.95美元[1]，並提供滿意保證[2] - 如果您
對我們提供的服務感到不滿意，我們會退還佣金或其他費
用。

美國市場投資者教育

透過專為環球投資者而設的講座，助您加深對美股投資的
認識。

在台灣（或美國海外）要投資美國股票或海外全球的 ETF 其實是非常
簡單的。

SC 嘉信證券開戶申請書與 W8BEN 填寫，只要自己在家上網，花上
十五至二十分鐘即可完成。

美國各大證券商為要搶攻華語投資人市場，近年積極開發投資平台，從下單平台介面中文化、華語客服服務，到開戶不需要任何費用，並且線上就可以完成全部申請手續。

以下就開戶前準備、如何填表兩個申請部分詳細說明。

開戶前與申請資料的準備

1. 護照影本

護照效期需要有半年以上 若是快要到期 要先到外交部領事事務局或是各地辦公室申請換發

注意！上下兩頁都要一併影印提供

2. 開戶申請書

嘉信提供中文版開戶申請書，在嘉信國際客戶網頁即可下載。

3. W-8BN 表格

嘉信提供中文版 W-8BN 表格，可在嘉信國際客戶網頁下載。

4. 金融機構月結單

開戶申請書上規定要提供金融機構月結單，可以用台灣的銀行所提供每月帳戶報表即可。

5. 水電費帳單

嘉信接受中文水電費帳單，帳單主要提供確認地址使用。

切記！ 帳單上的地址要與開戶申請書與 W-8BEN 表格上的地址相同。

請注意！ 嘉信目前已經不接受電信費帳單做為住址證明文件。如果居住地水電費帳單不是申請人本人的名字，可以使用身分證或是駕照替代，並在影本上用中英文註記：因居住地水電費帳單並非本人，故提供身分證（駕照）替代。

若是以身分證（駕照）替代水電費帳單，需在 W-8BEN 表格中註明。

6. 境外基金買入授權書

如果個人資產很大，需要用到「嘉信理財美元流動資產基金」，不然一般投資開戶不會需要準備這份文件。

若是需要用到「嘉信理財美元流動資產基金」，記得在填開戶申請書時，要選要使用「嘉信理財美元流動資產基金」並附上這個文件；若是申請書中點選「嘉信第一利息」就不需要準備了。

開戶流程 SOP

1. 打開嘉信券商國際客戶開戶網頁 並點選「opean a new account」

https：//international.schwab.com/public/nternational/us_investing

2. 國家點選「Taiwan」（台灣），然後按 GO

3. 下載嘉信開戶申請書，與美國國稅局 W-8BN 表格

接下來的畫面中，嘉信提供「開戶申請書」與「W-8BEN」這兩份文件的 PDF 檔並且是中文版本。

請點選畫面中「中文」字樣，將有中文說明的 PDF 檔下載到電腦中並開始填表。

注意：

· 下載的 PDF 檔，可用 Adobe Reader 開啟填寫，或是直接線上填寫也可以。

· 記得所有的表格，最後都要簽名並填寫日期。

· 下載的開戶申請書，前兩頁的內容是說明要準備的文件與開戶的步驟（如後圖所附），進入申請書填寫前請先詳閱。

· 如果是香港、澳洲或是新加坡的讀者，請依照嘉信公司的要求，點選不一樣的開戶連結。

4. 下載表格完畢並開始填寫資料

嘉信理財

嘉信®「第一海外帳戶」

international.schwab.com | 1-877-686-1937 (美國境內) | +1-415-667-8400 (美國境外)

Process By
Schwab Int'l
Account
Solutions Only

今天就申請開設嘉信理財® 美元帳戶。
我們承諾隨時為客戶提供優質的服務，因此，無論您有任何關於申請表格及所需文件的疑問，您都可致電 +1-415-667-8400(美國境外)或
1-877-686-1937(美國境內)與我們聯絡，讓我們為您解答有關帳戶的所有問題。
按照美國法律和證券規章的要求，您必須提供下列文件以供驗證您的身份及住所。
每位帳戶申請人必須提交所有必需的文件，而且文件必須與申請人護照所顯示的姓名一致。
直至嘉信收到並審核了所有必需的表格及文件，否則您的帳戶將無法開設。

> 請將所有已填妥並簽署的文件郵寄至Schwab International Account Solutions, P.O. Box 982601, El Paso, TX 79998-2601, USA，或
> 以翌日速遞寄至Schwab International Account Solutions, 1945 Northwestern Drive, El Paso, TX 79912-1108, USA。

步驟一 填寫帳戶申請表格及收集所需的附加文件

☐ **嘉信「第一海外帳戶」申請表格**
- 請勿將此表格用於公司或個人投資公司帳戶。請致電向我們索取嘉信「第一海外公司帳戶」(*Schwab One International®
  Corporate Account*)申請表格，或上網至international.schwab.com，點按「申請開戶」("*Apply for an Account*")。

☐ **W-8BEN代用表格**
  每位非美國公民/居民帳戶持有人均須填寫表格。
  如果您的帳戶文件內附有美國地址，例如您的郵寄地址或註美的授權委託(Power of Attorney—POA)，請提供W-8BEN代用表格說明中所
  列的附加文件。

☐ **每位申請人所持有效護照的清晰副本**
  個人資料、簽署及照片均須清晰可見。此外，若帳戶設有授權委託(POA)，亦須提供授權委託人士的有效護照的清晰副本。

☐ **一份水、電或燃氣費帳單**(限於12個月內)的正本或副本用以確定您的住所。帳單可包括:
  - 燃氣費帳單
  - 電費帳單
  - 水費帳單
  請注意，水、電或燃氣費帳單所顯示的街道地址<u>必須</u>與您在帳戶申請表及W-8BEN代用表格上的一致。
  (郵政信箱不被接受)。

☐ **「購買海外投資股份授權書」**(*Authorization to Purchase Offshore Investment Shares*)
  如果您有意投資於海外基金，則需填寫此授權書。但只為非美國人士提供，並非在所有國家均有提供。

步驟二 詳閱為您提供的其他文件

☐ **「嘉信理財價格費率手冊」及價格費率修正**(*Charles Schwab Pricing Guide and pricing amendments*)(若適用)

☐ **「非美國人士之美國稅務及遺產說明書」**(*U.S. Tax and Estate Disclosure to Non-U.S. Persons*)
  了解在您作出投資決定時要考慮的相關遺產規劃及稅務事項。

☐ **「我們對您的隱私權的承諾」**(*A Commitment to Your Privacy*)
  請參閱此文件以了解嘉信對個人隱私權保護政策的詳細資料。

步驟三 撥款到您的帳戶

☐ **開戶最低金額要求**
  嘉信「第一海外公司帳戶」的最低開戶金額為US$25,000。您可透過以下方式撥款到帳戶:
  - 支票或匯票(收款人姓名須與帳戶持有人姓名相同，第三方支票/匯票不獲接受)
  - 電匯[請參閱「嘉信帳戶電匯轉帳說明」(*Instructions to Transfer Money to Your Schwab Account*)]，及/或
  - 從其他經紀投資公司轉撥[請使用「轉移帳戶至嘉信」申請表(*Transfer Your Account to Schwab form*)]
  如果您現未持有嘉信帳戶，我們的專業認證海外代表會致電向您索取額外資料。

> **注意事項:** 為了加快開設您的帳戶，在郵寄任何帳戶的申請材料到嘉信之前，請致電 +1-415-667-8400以確認您的表格及相關文件已準備
> 齊全。

列印 PRINT　　刪除 CLEAR

嘉信®「第一海外帳戶」申請表
Schwab One International® Account Application

Process By
Schwab Int'l
Account
Solutions Only

international.schwab.com | 1-877-686-1937 (inside the U.S. 美國境內) | +1-415-667-8400 (outside the U.S. 美國境外)

第1頁·共9頁
Page 1 of 9

· 請勿使用此申請表格開設監護人帳戶、個人退休帳戶、公司帳戶(法人團體)、合夥商業帳戶、非企業帳戶(非法人團體)、遺產帳戶或信託帳戶。請聯絡嘉信理財®索取適合的申請表。
Do not use this form for Custodial, IRA, Corporate, Partnership, Non-Incorporated, Estate or Trust accounts. Contact Schwab for the correct application.

1. 設立您的嘉信「第一海外帳戶」
Establish Your Schwab One International Account

請填妥申請表格的所有部分。我們尊重您的個人私隱。因此,對您在此申請表格內所提供的資料,嘉信理財(「嘉信」)只限用於為您開戶及提供帳戶服務、與您聯繫及提供產品服務資訊。有關嘉信個人隱私權保護政策詳情,請查閱我們的網址 chinese.schwab.com 或 international.schwab.com。根據美國聯邦法例要求,嘉信將使用以下您提供的資料以確認您的身份。

Complete all sections below. We respect your privacy. Charles Schwab & Co., Inc. ("Schwab") will use the information you provide to open and service your accounts, communicate with you, and provide information about products and services. Read about Schwab's privacy policy at chinese.schwab.com or international.schwab.com. As required by U.S. federal law, Schwab will use the information provided below to verify your identity.

帳戶持有類別 只選一項;法令有所不同及可能會受限制。Title Your Account Select only one; laws vary and restrictions may apply.

☑ **個人**
Individual

☐ **享有繼承權的共同持有** — 如果其中一位帳戶持有人身亡,他/她的利益將會由亡故的持有人繼承。
Joint Tenants with Right of Survivorship—If one owner dies, his/her interest passes to the surviving owner(s).

☐ **共同持有** — 如果其中一位帳戶持有人身亡,他/她的利益將按其遺產處理(除非另有預先指示,否則資產則會作平均分配)。
Tenants in Common—If one owner dies, his/her interest passes to his/her estate (50/50, unless otherwise noted).

帳戶持有人
Account Holder　　**帳戶類別選取個人**

帳戶的名稱必須與提供的護照吻合。
The name on the title of the account must match the passport provided.

☐ Mr. 先生　☐ Mrs. 太太　☐ Ms. 女士　☐ Dr. 博士

名字 Name (First/Given)　**填寫英文名字,需與護照相同**　(Middle)

姓氏 Last Name(s)/Surname(s)　**填寫英文姓氏,需與護照相同**

住址(請勿使用郵箱號碼) Home Street Address (no P.O. boxes)　**填寫英文地址,需與提供的帳單或是身分證**

市 City　**填寫英文地址中所在的城市,例如:Taipei**　州或省 State or Province　**Taiwan**　國家 Country　**Taiwan**　郵政或郵遞區號 Postal or Zip Code　**填寫英文地址中郵遞區號**

郵遞地址(若與以上住址不同,請以此填寫,可用郵箱號碼) Mailing Address (if different from above; P.O. boxes may be used)　**若是郵遞的地址與以上地址才需要填寫,若是同上的地址就請空白不用填寫**

市 City　　州或省 State or Province　　國家 Country　　郵政或郵遞區號 Postal or Zip Code

住宅電話號碼 Home Telephone Number
(國家代碼)(城市/區域代碼)(號碼) (Country Code) (City/Area Code) (Number)
886 2 12345678 國碼+區碼(去掉0)+電話號碼

公司電話號碼 Business Telephone Number
(國家代碼)(城市/區域代碼)(號碼) (Country Code) (City/Area Code) (Number)
886 2 2345678 國碼+區碼(去掉0)+電話號碼

手機號碼 Cellular Telephone Number
(國家代碼)(城市/區域代碼)(號碼) (Country Code) (City/Area Code) (Number)
886 923456789 國碼+手機號碼(去掉最前面的0)

國籍(必須列明所有國籍)
Country(ies) of Citizenship (Must list all.)
☐ 美國 USA　☑ 其他 Other: **Taiwan**

合法居留(身份)國家
Country of Legal (Physical) Residence
☐ 美國 USA　☑ 其他 Other: **Taiwan**

電子郵件地址*(必須填寫以便透過互聯網聯繫您的帳戶。)
Email Address* (Required to access your account through the web.)
填寫自己的 email

美國社會安全號碼/繳稅號碼(若適用)
U.S. Social Security/Tax ID No. (if applicable)
填寫自己的護照號碼

* 提供您的電子郵件地址即代表您同意接納嘉信的電子郵件。欲拒絕接收某些電子郵件,請參閱我們的網址 international.schwab.com。
* By providing your email address, you consent to receiving email from Schwab. Information about opting out of certain email communications is provided at international.schwab.com.

1. 設立您的嘉信®「第一海外帳戶」(續上頁)
Establish Your Schwab One International® Account (Continued)

帳戶持有人(續上頁)
Account Holder (Continued)

出生日期(月/日/年) Date of Birth (mm/dd/yyyy) 填入自己的生日，例如:生日1985年1月1日 填寫01/01/1985	出生國家 Country of Birth Taiwan
母親婚前姓氏(為保障安全及用以識別客戶的身份) Mother's Maiden Name (for security and client identification purposes) 填寫母親的姓氏，日後用在持有人識別的安全問題	您有沒有其他名字? 請列明: Are you known by any other name? Specify: 不用填寫

護照號碼 Passport Number 填寫自己的護照號碼	簽發地點 Place of Issuance Taiwan	期滿日期(月/日/年) Expiration Date (mm/dd/yyyy) 填寫護照到期日

證券業法規要求我們收集下列的個人資料:
Securities industry regulations require that we collect the following information:

就業狀況(請只選擇其中一項。) Employment Status (Select only one.)

☐ 受僱 Employed　☐ 自僱 Self-Employed　☐ 退休 Retired　☐ 持家者 Homemaker　☐ 學生 Student　☐ 無業 Not Employed

開戶人的公情況，依個人請選填，建議不要選退休或是無業

僱主名稱/商業名稱 Employer Name/Business Name 僱主名稱填入服務公司名稱(名稱要翻譯成英文再填)

職業(若您填選了「受僱」或「自僱」，請您選擇其中一項最能描述您所從事的職業。)
Occupation (If you selected "Employed" or "Self-Employed," please select one option that best describes your occupation.)

點選自己的工作類別

☐ 企業持有人/自僱 Business Owner/Self-Employed
☐ 外國政府僱員(非美國) Foreign Government Employee (Non-U.S.)

☐ 行政主管/高層管理 Executive/Senior Management
☐ 軍人 Military

☐ 醫護專業人士 Medical Professional
☐ 教育工作者 Educator

☐ 法律專業人士 Legal Professional
☐ 行政辦公/行政服務 Clerical/Administrative Services

☐ 會計專業人士 Accounting Professional
☐ 商貿/服務業(勞工/製造/生產) Trade/Service (Labor/Manufacturing/Production)

☐ 金融服務/銀行專業人士 Financial Services/Banking Professional
☐ 銷售業/市場營銷 Sales/Marketing

☐ 信息技術專業人士 Information Technology Professional
☐ 顧問 Consultant

☐ 其他專業人士 Other Professional
☐ 其他(請列明): _____ Other (specify):

☐ 美國政府僱員(聯邦/州/地方) U.S. Government Employee (Federal/State/Local)

公司地址 Business Street Address 填入公司地址(地址要翻譯成英文再填)

市 City 填寫公司英文地址中所在的城市，例如:Taipei	州或省 State or Province Taiwan	國家 Country Taiwan	郵政或郵遞區號 Postal or Zip Code 填寫公司英文地址中郵遞區號

您是否受審或附屬於一個股票交易所、交易所或FINRA的會員公司、或市政證券經紀公司?
Are you affiliated with or employed by a stock exchange or member firm of an exchange or FINRA, or a municipal securities broker-dealer?

☑ 否 No　☐ 是 Yes　(若答「是」，您必須隨申請表附上由僱主發出的信件，批准您設立此帳戶。)
(If "yes," you must attach a letter from your employer approving the establishment of your account when submitting this application.)

您是否擔任上市公司的董事、或有上市公司10%的股東、或為上市公司的決策人?
Are you a director, 10% shareholder or policy-making officer of a publicly held company?

☑ 否 No　☐ 是 Yes　(若答「是」，請列出公司名稱 _____ 和交易編號 _____)
(If "yes," enter company name _____ and trading symbol _____)

婚姻狀況 Marital Status

☐ 未婚 Single　☐ 已婚 Married　☐ 離婚 Divorced　☐ 喪偶 Widowed

撫養家屬人數 Number of Dependents 婚姻與家庭情況依各人情況填寫

1. 設立您的嘉信®「第一海外帳戶」(續上頁)
Establish Your Schwab One International® Account (Continued)

帳戶持人(續上頁)　　　**填寫財務狀況**
Account Holder (Continued)

投資知識： Investment Knowledge:	投資經驗： Investment Experience:	每年收入： Annual Income:	流動淨值： Liquid Net Worth:	總淨值： Total Net Worth:
☐ 無 None	☐ 無 None	☐ $15,000 以下 Under $15,000	☐ $25,000 以下 Under $25,000	☐ $25,000 以下 Under $25,000
☐ 有限 Limited	☐ 有限 Limited	☐ $15,000–$24,999	☐ $25,000–$49,999	☐ $25,000–$49,999
☑ 良好 Good	☑ 良好 Good	☐ $25,000–$49,999	☐ $50,000–$99,999	☐ $50,000–$99,999
☐ 廣泛 Extensive	☐ 廣泛 Extensive	☑ $50,000–$99,999	☑ $100,000–$249,999	☑ $100,000–$249,999
		☐ $100,000 或以上 $100,000 or More	☐ $250,000 或以上 $250,000 or More	☐ $250,000 或以上 $250,000 or More
			請列明： Specify: ____	請列明： Specify: ____

其他帳戶持有人(若適用)
Additional Account Holder (if applicable)

填寫到此已完成開戶基本資料的填寫

下方是「其他帳戶持有者的資料」，若是開設個人帳戶就不必填寫，
如果是開設聯名帳戶，另外帳戶持有者的資料就需要填寫進去。

帳戶的名稱必須與提供的護照吻合。
The name on the title of the account must match the passport provided.

☐ Mr. 先生　　☐ Mrs. 太太　　☐ Ms. 女士　　☐ Dr. 博士

名字 Name (First/Given)	(Middle)

姓氏 Last Name(s)/Surname(s)

住址(請勿使用郵箱號碼) Home Street Address (no P.O. boxes)

市 City	州或省 State or Province	國家 Country	郵政或郵遞區號 Postal or Zip Code

郵遞地址(若與以上住址不同，請另填寫。可用郵箱號碼) Mailing Address (if different from above; P.O. boxes may be used)

市 City	州或省 State or Province	國家 Country	郵政或郵遞區號 Postal or Zip Code

郵遞地址(若與以上住址不同，請另填寫。可用郵箱號碼) Mailing Address (if different from above; P.O. boxes may be used)

市 City	州或省 State or Province	國家 Country	郵政或郵遞區號 Postal or Zip Code

住宅電話號碼 Home Telephone Number (國家代號) (城市/區域代號) (號碼) (Country Code) (City/Area Code) (Number)	公司電話號碼 Business Telephone Number (國家代號) (城市/區域代號) (號碼) (Country Code) (City/Area Code) (Number)

手提號碼 Cellular Telephone Number
(國家代號) (城市/區域代號) (號碼) (Country Code) (City/Area Code) (Number)

國籍(必須列出所有國籍。) Country(ies) of Citizenship (Must list all.) ☐ 美國 USA　☐ 其他: Other	合法居留(身居住所)國家 Country of Legal (Physical) Residence ☐ 美國 USA　☐ 其他: Other
電子郵件地址(必須填寫以便透過互聯網連繫您的帳戶。) Email Address* (Required to access your account through the web.)	美國社會安全號碼/繳稅號碼(若適用) U.S. Social Security/Tax ID No. (if applicable)
出生日期(月/日/年) Date of Birth (mm/dd/yyyy)	出生國家 Country of Birth
母親婚前姓氏(為保障安全及用以識別客戶的身份) Mother's Maiden Name (for security and client identification purposes)	您有沒有其他名字?請列明: Are you known by any other name? Specify:

護照號碼 Passport Number	簽發地點 Place of Issuance	屆滿日期(月/日/年) Expiration Date (mm/dd/yyyy)

* 提供您的電子郵件地址即代表您同意接納嘉信的電子郵件。欲拒絕接收某些電子郵件，請參閱我們的網址 international.schwab.com。
* By providing your email address, you consent to receiving email from Schwab. Information about opting out of certain email communications is provided at international.schwab.com.

2. 指定信任的聯絡人　Trusted Contact Designation　指定信任聯絡人為非必要填寫項目，可以不用填寫

信任的聯絡人（「信任的聯絡人」）是一項嘉信及您的顧問（如有）在有需要時可代表您的聯絡人，以嘗試處理關於潛在金融剝削的疑慮，或就與您帳戶相關的事宜與您溝通。信任的聯絡人不能查看您的帳戶資料、在您的帳戶中執行交易、或查詢帳戶活動，除非該名人士透過帳戶的其他身份，例如是作為信託人或經授權書獲得授權。向嘉信提供信任的聯絡人資料純屬自願性質。我們鼓勵您提供兩名信任的聯絡人，以備將來其中一人未能聯絡上。

A Trusted Contact Person ("Trusted Contact") is a resource Schwab, and your advisor (if you have one), may contact on your behalf, if necessary, to attempt to address concerns regarding potential financial exploitation, or in communicating with you regarding issues related to your account(s). A Trusted Contact will not be able to view your account information, execute transactions in your account(s), or inquire about account activity, unless that person has that authority through another role on the account(s), such as a trustee or power of attorney. Providing Schwab with Trusted Contact information is voluntary. We encourage you to provide two Trusted Contacts in the event that one is not reachable in the future.

- 嘉信建議讓信任的聯絡人非為您的理財顧問或投資顧問。
  Schwab suggests that your Trusted Contact(s) be someone other than your financial consultant or investment advisor.
- 您可指定最多兩位信任的聯絡人。
  You may name up to two Trusted Contacts.
- 按您在帳戶協議中所提供，經您指定的信任的聯絡人將成為您在嘉信所有帳戶的「信任的聯絡人」
  The person(s) you name as Trusted Contact(s) will be the Trusted Contact(s) on all of your Schwab accounts, as provided for in your account agreement.
- 至於多方帳戶，每一方各可指定不同的信任的聯絡人。
  For multiple-party accounts, each party can name separate Trusted Contacts.
- 信任的聯絡人必須年滿 18 歲。
  The Trusted Contact(s) must be at least 18 years old.

信任的聯絡人資料　Trusted Contact Information

本表格所提供的信任的聯絡人資料將取代所有目前存檔的信任的聯絡人資料。
Trusted Contact information provided on this form will replace all Trusted Contact information currently on file.

聯絡人 1　Person 1

如您目前信任的聯絡人沒有更改，請跳過此部分。If you have no changes to your existing Trusted Contact, please skip this section.

姓名 (稱謂、名字) Name (Title, First)	(中間名) (Middle Name)	(姓氏、後綴) (Last Name, Suffix)

關係 (請選擇一項。)　Relationship (Please select one.)
☐ 配偶 Spouse　☐ 伴侶 Partner　☐ 子女 Child　☐ 父母 Parent　☐ 兄弟姊妹 Sibling　☐ 朋友 Friend　☐ 其他 Other

請至少提供一種聯繫方式。Please provide at least one method of contact for each Trusted Contact listed.

郵寄地址 (不接受郵政信箱) Mailing Address (No P.O. Boxes)		城市 City

州或省 State or Province	國家 Country	郵政編號 Postal or Zip Code

家庭電話號碼 (國家代碼) (城市/區域代碼) (號碼) Home Phone (Country code)(City/Area Code)(Number)	手機號碼 (國家代碼) (城市/區域代碼) (號碼) Mobile Phone (Country code)(City/Area Code)(Number)	電郵地址 Email Address

聯絡人 2　Person 2

如您目前信任的聯絡人沒有更改，請跳過此部分。If you have no changes to your existing Trusted Contact, please skip this section.

姓名 (稱謂、名字) Name (Title, First)	(中間名) (Middle Name)	(姓氏、後綴) (Last Name, Suffix)

關係 (請選擇一項。)　Relationship (Please select one.)
☐ 配偶 Spouse　☐ 伴侶 Partner　☐ 子女 Child　☐ 父母 Parent　☐ 兄弟姊妹 Sibling　☐ 朋友 Friend　☐ 其他 Other

請至少提供一種聯繫方式。Please provide at least one method of contact for each Trusted Contact listed.

2. 指定信任的聯絡人 (續上頁)
Trusted Contact Designation (Continued)

郵寄地址 (不接受郵政信箱) Mailing Address (No P.O. Boxes)		城市 City
州或省 State or Province	國家 Country	郵政編號 Postal or Zip Code
家庭電話號碼 (國家代碼) (城市/區域代碼) (號碼) Home Phone (Country code)(City/Area Code)(Number)	手機號碼 (國家代碼) (城市/區域代碼) (號碼) Mobile Phone (Country code)(City/Area Code)(Number)	電郵地址 Email Address

* 若您向嘉信提供信任的聯絡人，即代表您明白您已向嘉信及您的顧問 (如有) 授權，讓其自行的情聯絡該信任的聯絡人，並披露與您的帳戶有關的資料，以處理有可能指出您受到金融剝削的潛在活動；確認您目前的聯絡資料或健康狀態 (包括身體或精神狀況) 或代表您的法律監護人、執行人、受託人或授權書持有者身份的詳情；或其他受美國金融監管局 (FINRA) 規定或州法律所允許的事項。如需更多資料，請於 schwab.com/accountagreement 參閱您的嘉信帳戶協議。
*If you provide a Trusted Contact Person(s) to Schwab, you understand that you have authorized Schwab and your advisor (if you have one) to contact the Trusted Contact Person(s) at their discretion and to disclose information about your account to address possible activities that might indicate financial exploitation of you; to confirm the specifics of your current contact information, health status (including physical or mental capacity), or the identity of any legal guardian, executor, trustee, or holder of a power of attorney on your account(s); or as otherwise permitted by FINRA rules or state law. For more information, please see your Schwab Account Agreement, which is available at schwab.com/accountagreement.

3. 總括的投資目標　　以下開始要繼續填寫帳戶持有人的資料
Overall Investment Objective of Account

☐ 資金保值　　　　☑ 增值　　　　☐ 收入　　　　☐ 投機
Capital Preservation　　Growth　　　　Income　　　　Speculation

4. 選擇您的帳戶功能　　帳戶會設有保證金交易(trade on margin)功能，與電子交易確認，
Select Your Account Features　　這兩個服務都會需要，所以這邊都不要打勾。

保證金交易
Margin Trading

籍保證金進行交易，您透過嘉信理財*貸款投資，並將您在嘉信理財帳戶內擁有的所有資產作為抵押。保證金交易比現金交易的風險較大。在進行保證金交易前，您有責任謹慎分析您的個人情況及市場狀況。請細閱保證金公開聲明及帳戶協議書內有關您需承擔的責任和風險的資料詳情。
To trade on margin, you borrow from Schwab, using all your Schwab assets as security for your loan. Margin transactions are riskier than cash purchases. It is your responsibility to carefully consider your individual circumstances and market conditions before trading on margin. Read the Margin Disclosure Statement and the Account Agreement for more information on your obligations and risks.

☐ 請添加保證金交易 (注意：居住在歐盟國家的客戶，英國和瑞士的居民除外，不可以申請保證金。)。
Add margin (Note: Clients residing in the EU, excluding residents of the U.K. and Switzerland, are not eligible for margin.).

選擇「電子交易確認」
Enrollment for Electronic Trade Confirmations

您提供的電子郵件地址即代表您也同意接納eConfirms™「電子交易確認」服務(交易確認將您買賣證券的細節以電子郵件方式傳遞到您提供的電子郵件地址。除非您在下面方格填上「√」號，否則我們將在短期內傳發一份電子郵件到您在表格第一節所指示的電子郵件地址，以提供有關「電子交易確認」的詳情，並徵求您的同意以及核實您所提供的電子郵件地址。若日後您想撤銷接收「電子交易確認」服務，您可更改選擇，改用郵遞方式接收書面交易確認。若無法確認您的電子郵件地址或無法依該地址傳發電子郵件，我們則會郵遞書面交易確認給您。
By providing your email address, you also consent to receiving Schwab eConfirms™ (trade confirmations sent to your email address detailing any purchase or sale of a security). Unless you check the box below, we will soon send you an email to the address listed in Section 1 with more information about eConfirms and your consent, and to verify your email address. Later, if you decide you do not want eConfirms, you may change your election and receive paper trade confirmations through the mail. If we can't verify your email address or are unable to deliver email to you at that address, we will send you paper trade confirmations through the mail.

☐ 否，我現時不需要eConfirms「電子交易確認」服務。
No, at this time I do not want eConfirms.

支票及 Visa® 借記卡 (可選服務)　　　一般人開戶就要求「支票與一張VISA卡」
Checks and Visa® Debit Card (Optional)

請選擇下列其中一項及於第八頁的簽名卡簽署。收到支票後，您將有機會訂購額外的支票。
Select one of the following options and sign the Signature Card on page 8. Upon receipt of your starter checks, you will have the opportunity to order additional checks.

☐ 只需支票　　☑ 支票及一張Visa借記卡　　☐ 支票及兩張Visa借記卡*
Checks only　　Checks and one Visa Debit Card　　Checks and two Visa Debit Cards*

*第二張Visa借記卡只為其他帳戶持有人簽發。
*Second Visa Debit Card available for issuance only in additional account holder's name.

7. 必須填項：有關帳戶的資料
Required Information About the Account

資金來源(請選擇全部適合的選項。)
Source of Funds (Please select all that apply.)

我們在此收集有關您帳戶中將持有的資產種類（「來源」）資料。請選擇將入帳或於您的帳戶中持有的全部資產來源，包括任何將由另一間機構轉存入您帳戶的資產之最初來源。
In this section, we're collecting information about the categories ("sources") of assets that will be held in your account. Please select all of the sources of the assets that will be deposited or held in your account, including the original sources of any assets that will be transferred into the account from another firm.

☑ 薪金/工酬/積蓄
Salary/Wages/Savings

☐ 社會保險金
Social Security Benefits

☐ 出售財產或商業
Sale of Property or Business

☐ 家人/親屬/遺產
Family/Relatives/Inheritance

☐ 投資資本收益
Investment Capital Gains

☐ 禮物
Gifts

☐ 賭博/彩券
Gambling/Lottery

☐ 退休基金投資
Investing for Retirement

☐ 其他(請列明)：＿＿＿＿＿＿＿＿＿＿＿＿＿＿＿＿＿＿＿
Other (specify)

帳戶用途(請選擇全部適合選項。)
Purpose of Account (Please select all that apply.)

☑ 一般性投資
General Investing

☐ 資產規劃投資
Investing for Estate Planning

☐ 節稅規劃投資(例如：市政公債等。)
Investing for Tax Planning (e.g., municipal bonds, etc.)

☐ 大學教育投資
Investing for College

☐ 退休基金投資
Investing for Retirement

☐ 集中資產投資(例如：由眾投資者集資以投資為目的之資金)
Investment of Pooled Assets (e.g., funds from individual investors that are aggregated for investing purposes)

☐ 其他(請列明)：＿＿＿＿＿＿＿＿＿＿＿＿＿＿＿＿＿＿＿
Other (specify):

8. 帳戶存款 (最低開戶金額為US$25,000)
Fund Your Account (Minimum deposit of US$25,000 is required)

**資金匯入方式一般多是勾選「匯款」
請注意開戶最低要求是$25,000美金**

☐ 隨附支票，款額為 $ ＿＿＿＿＿＿＿＿＿＿＿＿＿＿＿＿＿
Check enclosed for $

☐ 隨附「轉移帳戶至嘉信」申請表
Transfer Your Account to Schwab form (enclosed)

☑ 匯款
Wired funds

如果您的住戶結餘於指定的曆年季度內低於特定的結餘額，可能須繳付季度帳戶服務費。請參閱最新的「嘉信理財價格費率手冊」（「手冊」），包括任何修正部分，以獲取更詳盡的嘉信價格費率資料。
Quarterly account service fees may apply if your household balance falls below certain thresholds in a given calendar quarter. Please see the most current Charles Schwab Pricing Guide (the "Guide"), including any amendments to the Guide, for more details on fees.

9. 授權開設帳戶(所有帳戶持有人必須在下方簽署並註明日期。)
Authorization to Open Account (All account holders must sign and date below.)

當您簽署這份申請表格時，您確認已收到及詳閱隨附的申請協議書，包括一份爭議前仲裁條款。您確認您的簽署表示並構成您同意此帳戶及與嘉信的關係將受申請協議書及所有合併的協議與公開聲明所管制，包括但不限於嘉信「第一帳戶」協議書及「嘉信理財價格費率手冊」(英文版)，兼兩者時有的修訂(「協議書及公開聲明」)。您明白設立、維持、進行交易及由帳戶轉出資產將會有相關費用。除非您選擇放棄保證金功能，您明白以借貸抵押的證券可能被嘉信借用或外借。同時，您亦應明白如果您進行「保證金」交易，您是向嘉信借貸投資，並應了解隨此申請表格附上的「保證金公開聲明」內所概括保證金借貸的有關規定及風險。

此帳戶申請表格及隨附的申請協議書內所提及的「您」、「您的」及「帳戶持有人」即表示簽署此申請表格的每一位人士，而「我們」、「我們的」及「嘉信」則指嘉信理財公司。

By signing this Application, you acknowledge that you have received and read a copy of the attached Application Agreement, which contains a predispute arbitration provision. You acknowledge that your signature signifies and constitutes your agreement that this Account and your relationship with Schwab will be governed by the Application Agreement and all incorporated agreements and disclosures, including, but not limited to, the Schwab One® Account Agreement and the Charles Schwab Pricing Guide, each as amended from time to time (the "Agreement and Disclosures"). You understand that there are fees associated with establishing, maintaining, engaging in transactions and transferring assets out of this Account. Unless you have declined the margin feature, you acknowledge that securities securing loans from Schwab may be lent to Schwab and lent by Schwab to others. You also acknowledge that if you trade "on margin," you are borrowing money from Schwab and that you understand the requirements and risks associated with margin borrowing as summarized in the Margin Disclosure Statement included with this Application.

For purposes of this Account Application and the attached Application Agreement, the terms "you," "your" and "Account Holder" refer to each person who signs this Account Application. The terms "we," "us," "our," and "Schwab" refer to Charles Schwab & Co., Inc.

您與嘉信的協議包括一份爭議前仲裁條款。您確認收到包含在隨附的申請協議書內第二頁、第十四條之爭議前仲裁條款。
The agreement with Schwab includes a predispute arbitration clause. You acknowledge receipt of the predispute arbitration clause contained in section 14, page 4, of the attached Application Agreement.

請使用藍色或黑色筆墨在下方簽署。您在下方的簽署將作簽名卡之用。
PLEASE SIGN BELOW IN BLUE OR BLACK INK ONLY. Your signature below will serve as a signature card.

簽署及日期 Signature(s) and Date(s)

X _____
帳戶持有人簽署
Account Holder Signature

請以英文正楷填寫姓名
Print Name

日期(月/日/年)
Date (mm/dd/yyyy)

X _____
其他帳戶持有人簽署
Additional Account Holder Signature

請以英文正楷填寫姓名
Print Name

日期(月/日/年)
Date (mm/dd/yyyy)

帳戶持有人簽名，建議簽與護照相同的簽名，然後用英文正楷把姓名再填一次，

最右邊要填入填表日期，沒有開設聯名帳戶，其他持有人就不用填寫。

第八頁和第九頁印出後簽名。

開戶申請書填寫到第十二頁就算是填寫完成了。

申請書檔案檔共有二十六頁，檔案中最前面二頁是填表和申請步驟說明，後面是協議書和聲明文件；需要提供給嘉信的部分是第四到第十二頁，協議書與聲明文件自己保留即可不須寄出。

開戶申請書填寫完，要記得存檔，接下來就開始填寫 W-8BEN 表格。

5. W-8BEN 填寫

開戶申請書填寫完成後，接著填寫 W-8BEN 表格。

W-8BEN 表格檔案共有十七頁，需要填寫與簽名的的部分是第二頁到第四頁。

填寫個人資料：所有基本資料填寫均與開戶申請書相同，書寫方式請參閱前面申請書填寫部分。

需特別注意第六項「外國繳稅識別碼」要寫上「NOT LEGALLY REQUIRED」不可以留白不寫！

這樣所有的申請文件就全部填寫完成！

OMB No. 1545-1621

W-8BEN代用表格
為美國稅項預扣及報告備用之受益人外籍身份證明書(個人)
Substitute Form W-8BEN
Certificate of Foreign Status of Beneficial Owner for United States Tax Withholding and Reporting (Individuals)

第二頁，共六頁
Page 2 of 6

第1部分
Part 1

受益人之身份(請參閱說明)
Identification of Beneficial Owner (see instructions)

重要提示：
每位帳戶持有人必須
各自填妥一份表格。
Important reminder:
Each account holder must
complete a separate form.

所有的基本資料都與開戶資料相同

帳戶號碼(必須填寫，新帳戶除外)
Account number required *(unless new account)*

住宅電話號碼(國家代碼)(區號)(號碼)
Home telephone number *(country code)(area code)(number)*

公司電話號碼(國家代碼)(區號)(號碼)
Business telephone number *(country code)(area code)(number)*

1 受益人(個人)之姓名
Name of individual who is the beneficial owner

2 擁有公民身份之國家(請勿縮寫)
Country of citizenship *(Do not abbreviate)*

Taiwan

請勿使用郵遞信箱 >
或委託地址
Do not use a P.O. Box or an in-care-of address

3 永久居所住址(街道、公寓號碼，或鄉外郵名)
Permanent residence address *(street, apt. or suite no. or rural route).*

若合適請包括郵區號碼 >
Include postal code where appropriate

市或鎮、州或省
City or town, state or province

國家(請勿縮寫)
Country *(Do not abbreviate)*

Taiwan

4 郵遞地址(若與上述地址不同)
Mailing address *(if different from above)*

若合適請包括郵區號碼 >
Include postal code where appropriate

市或鎮、州或省
City or town, state or province

國家(請勿縮寫)
Country *(Do not abbreviate)*

社會安全卡號碼(SSN)或 >
個人繳稅號碼(ITIN)或外國納
稅人識別號碼(FTIN)，若需要
SSN o ITIN or FTIN if required

5 美國納稅人識別號碼(請參閱說明)
U.S. Taxpayer Identification Number *(see instructions)*

外國繳稅識別號碼(請參閱說明)
Foreign tax identifying number *(see instructions)*

Not legally required

7 參考檔案號碼(請參閱說明)
Reference number(s) *(see instructions)*

8 出生日期(月-日-年)(請參閱說明)
Date of Birth *(MM/DD/YYYY)* *(see instructions)*

第2部分
Part 2

申請稅務條約優惠(僅適用於第3章)(請參閱說明)
Claim of Tax Treaty Benefits (for chapter 3 purposes only) (see instructions)

若適用，請填寫以獲較低的
稅務條約率。請勿縮寫。
Please complete to receive a lower tax
treaty rate, if applicable.
Do not abbreviate.

9 本人證實受益人為 _____ 居民，且符合美國與該國的入息稅條約協定的含義。
I certify that the beneficial owner is a resident of _____ within the meaning of the income tax
treaty between the United States and that country.

具體收入類型 >
Type of income

10 特別稅率及條件(若適用；請參閱英文版的 IRS 說明書)：
受益人依據上述第9行所述條約之第 _____ 章條規定，要求享有 (說明具體收入類型) _____ % 預扣稅率。

額外條款 >
Additional Conditions

請說明受益人如何符合稅務條款條款之規定：

不用填寫

Special rates and conditions (if applicable--see instructions):
The beneficial owner is claiming the provisions of Article and paragraph _____ of the treaty identified on line 9 above to claim a _____ %
rate of withholding on (specify type of income):

Explain the additional conditions in the Article and paragraph the beneficial owner meets to be eligible for the rate of withholding:

OMB No. 1545-1621

W-8BEN代用表格

為美國稅項預扣及報告備用之受益人外籍身份證明書(個人)

Substitute Form W-8BEN
Certificate of Foreign Status of Beneficial Owner for United States Tax Withholding and Reporting (Individuals)

帳戶持有人簽名，建議簽與護照相同的簽名，然後用英文正楷把姓名再填一次，右邊要填入填表日期。

請在此處簽名
SIGN HERE

所有嘉信「第一投資帳戶」
持有人均須以藍色或
黑色筆墨簽署。
Please sign and date
using blue or black ink.

X _____

受益人簽署 (或獲授權代表受益人簽署之人士)
Signature of beneficial owner (or individual authorized to sign for the beneficial owner)

_____
日期 (月-日-年)
Date (MM/DD/YYYY)

_____
姓名 (請以英文正楷填寫)
Name (please print)

不用填寫

簽署人之資格身份 (若表格並非由受益人簽署)
Capacity in which acting (if form is not signed by beneficial owner, please print)

適用於較早時期之宣誓書。根據偽證處前法，本人聲明已檢查以上 W-8BEN 表格中所填寫之資料均繼持現狀及沒有改變，且自本年1月1日或本人帳戶開立日期(以較後者為準)起至今均為屬實、正確及完整。(若任何資料有變，請另附上單獨並已簽署的聲明。)
AFFIDAVIT APPLICABLE TO PRIOR PERIODS. Under penalties of perjury, I declare that I have examined and signed the above Form W-8BEN and that the information contained therein remained the same and unchanged and was true and correct and complete since January 1 of this year, or the date my account was opened, whichever is later, to present. (Please attach a separate, signed statement if any information has changed.)

請在此處簽名
SIGN HERE

所有嘉信「第一投資帳戶」
持有人均須以藍色或
黑色筆墨簽署。
Please sign and date
using blue or black ink.

X _____

受益人簽署 (或獲授權代表受益人簽署之人士)
Signature of beneficial owner (or individual authorized to sign for the beneficial owner)

_____
日期 (月-日-年)
Date (MM/DD/YYYY)

_____
姓名 (請以英文正楷填寫)
Name (please print)

不用填寫

簽署人之資格身份 (若表格並非由受益人簽署)
Capacity in which acting (if form is not signed by beneficial owner, please print)

擁有提款卡，免跨行手續費

透過美國 REITs 投資，每個月收取穩定房租配息現金流聽起來很迷人，但是房租收了以後，人在台灣或海外，每個月要將房租「匯款」回來不是很麻煩嗎？！而且每次銀行電匯都要收很高的手續費，光是這些就吃掉部分配息現金流⋯⋯

放心！多家美國證　商（如 TD AMERITRADE ／第一理財 FIRSTRADE ／盈透 IB）都很優秀並開戶容易。

對於嘉信理財（CHARLES SCHWAB）、第一證　（FIRST TRADE）與 TD AMERITRADE 得美利，都有所謂的「股息再投資計畫」（DIVIDEND REINVESTMENT PROGRAM 又稱為 DRIP）。對於領到的 REITs 配息，都能讓系統「自動」幫你把領到的股息，再次投入購買同樣的 REITs 股票，等同於打造一個長期自動化的複利現金流循環系統！

DRIP 計畫另一個很棒的地方是，股息再投資買進是 100% 零手續費，並可以再小的資金都能以小於 1 股的方式買進，只要你在　商平台上點選此股票配息將參與 DRIP 計畫。

如果手上的 O 在這個月配了美金 50 元的股息給你，再扣除 30% 的預扣稅金（這個部分之後可以透過向美國政府報稅而得到退稅），剩下的美金 35 元以 O 當時市價美金 60 元來計算，　商就會自動幫你買進 35 元／ 60 元＝ 0.583 股，這樣就可以零成本的達成每個月或每季配息的複利效應執行。

我會選擇 CHARLES SCHWAB 嘉信理財作為開戶案例示範，最主要是因為嘉信理財開戶無最低投資金額門檻，並提供每一位開戶「跨國免手續費

提款卡」（並有 VISA 卡功能）。

這張提款卡神奇的地方是，你可以在不同國家提款（包括台灣或你所在地國家），可直接領出當地貨幣。

也就是說，當我們每一個月或每一季透過 REITs 賺取的配息現金流，除了你可以將這些配息再投資（複利效應），更可以在台灣任何一個 ATM，把卡插進去，按下密碼，就轉為新台幣（或當地貨幣）出來給你。

最棒的是每次提領免手續費！提款時被扣的手續費，都會被退還到帳戶裡，而且對於喜歡旅行的人來說，到了歐美、日本，一樣能用 CS 這張跨國提款卡，在當地的 ATM 直接提領歐元、美元或日幣。

只要記得出國前，先通知一下嘉信理財客服你將去的國家，避免因為安全機制被鎖卡。而且當對帳單寄來時，也要有好習慣，檢查自己在國外消費或 ATM 領取的金額項目。

若被盜刷，第一時間通知嘉信理財客服，盜刷資金將在十天內返還給你（這點很棒吧！）。

這完全符合透過 REITs 現金流，收房租並支付與完成自己環遊世界的夢想！

嘉信理財這張跨國免手續費提款卡，現在還可以綁 APPLE PAY & SAMSUNG PAY 喔。

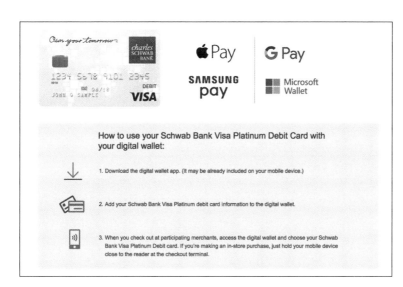

How to use your Schwab Bank Visa Platinum Debit Card with your digital wallet:

1. Download the digital wallet app. (It may be already included on your mobile device.)

2. Add your Schwab Bank Visa Platinum debit card information to the digital wallet.

3. When you check out at participating merchants, access the digital wallet and choose your Schwab Bank Visa Platinum Debit card. If you're making an in-store purchase, just hold your mobile device close to the reader at the checkout terminal.

創造你的金流人生：REITs 不動產投資信託
的靈活賺錢術 / 謝宗翰 John Hsieh 作 . -- 初版 .
 - 臺北市 :
　　時報文化 , 2019.03
　　204 面；17*23 公分
　　ISBN 978-957-13-7628-8（平裝）
　　1. 金錢心理學 2. 成功法
561.014　　　　　　　　　　　　107020548

ISBN 978-957-13-7628-8
Printed in Taiwan

識財經 17

創造你的

金流人生

REITs不動產投資信託的
靈活賺錢術

作　　者──謝宗翰 John Hsieh

文字協力──廖翊君文字團隊、尹玫瑰

主　　編──林憶純

行銷企劃──許文薰

第五編輯部總監──梁芳春

發 行 人──趙政岷

出 版 者──時報文化出版企業股份有限公司

　　　　　10803 台北市和平西路三段二四Ｏ號七樓

　　　　　發行專線─（02）2306-6842

　　　　　讀者服務專線─ 0800-231-705、（02）2304-7103

　　　　　讀者服務傳真─（02）2304-6858

　　　　　郵撥─ 19344724 時報文化出版公司

　　　　　信箱─台北郵政七九～九九信箱

時報悅讀網── www.readingtimes.com.tw

電子郵箱── history@readingtimes.com.tw

法律顧問──理律法律事務所 陳長文律師、李念祖律師

印　　刷──勁達印刷有限公司

初版一刷── 2019 年 3 月 29 日

定　　價──新台幣 380 元

（缺頁或破損的書，請寄回更換）

時報文化出版公司成立於 1975 年，並於 1999 年股票上櫃公開發行，於 2008 年脫離中時集團非屬旺中，以「尊重智慧與創意的文化事業」為信念。